図解

いちばんやさしい仏教とお経の本

沢辺有司

はじめに

「お経って、なにを言っているんだろう?」

一度はそう思ったことがあるかもしれません。法事や葬式で、お坊さんが独特のリズムでお経を唱えてくれますが、聞いているだけではなにを言っているのかさっぱりわかりません。眠くなるばかりです。

「お経のことを少しでも知っていれば、興味がもてるのに」

本書は、そんな思いをもつ人のために書かれた本です。

それでは、お経とはなんでしょうか?

お経は、ブッダ(釈迦)が説いた教えを記したものです。基本的には、いかにして悟りを開き、仏になるかが説かれています。なかには難解なお経もありますが、ブッダの肉声に近い初期のお経を見ると、人生訓がわかりやすく示されていて、お経のイメージが変わるかもしれません。

では、お経はブッダ自身が書いたのかというと、そうではありません。ブッダは生前、なにも書き残していません。

ブッダの没後、弟子たちはブッダの教えを暗唱して、口伝えで広めました。そのときいつも、「私はこのように聞いた」と切り出しました。漢語でいうと、「如是我門《にょぜがもん》」です。これはそのままお経の言葉になっています。

それからずっとお経は口伝えされましたが、ブッダが亡くなってから500年ほどたったとき、ようやく文字に記録されました。

お経というと、漢語のイメージがありますが、あれは翻訳版です。もともとはサンスクリット語などインドの言葉で書かれ、それを中国の僧が漢訳したのです。

そんなお経ですが、漢訳されて日本に伝わったものだけでも、1692部あるといいます。そのすべてを読むことはたいへんな作業になりますが、本書では、一般に親しみ深いお経を中心に、その教えを解き明かしていきたいと思います。

第1章では、仏教とお経の基礎知識をおさえ、第2章では、仏教の教えを学びます。そして第3章では、『般若心経』や『法華経』など代表的なお経を取り上げ、そこでなにが語られているのかを解説します。実際のお経と翻訳をダイジェストで掲載します。第4章では、仏像やお寺、儀式、行事など身近にある仏教を見ていきます。

お経の世界にふれることで、仏教の教えや儀式、宗派、仏像、お寺などへの興味が増すはずです。本書が、仏教をより深く理解する手助けになれば幸いです。

【目次】図解 いちばんやさしい仏教とお経の本

第1章 仏教とお経の基礎知識

第2章 仏教の教えとは何か？

第3章 お経と日本の仏教

第4章 日本人の身近にある仏教

第1章
仏教とお経の基礎知識

【釈迦族の王子が出家して、ブッダとなった】

仏教のはじまり

NO.1

釈迦族は賤民だった!?

仏教は、ブッダ（仏陀）の悟りからはじまりました。この**ブッダの悟りを解き明かしたものが「お経」です**。ということで、まずはブッダが悟りにいたるまでに何があったかを見てみましょう。

ブッダは、紀元前5～4世紀頃（一説には紀元前463年）、北インドの釈迦《しゃか》族の王子として生まれました。**釈迦族に生まれたことから「釈迦」「釈尊」といったり、敬意を込めて「釈迦牟尼《しゃかむに》」といいます**。本名は「ゴータマ・シッダールタ」とされています。

当時のインドの状況を簡単に説明しますと、紀元前13世紀頃、アーリア人がインドに侵入してきました。アーリア人は西洋人と同じ系統の人種で、彼らは東洋系の先住民族や辺境の諸民族を支配しました。アーリア人が、先住民族を支配するためにつくり上げたのがバラモン教です。バラモンと呼ばれる僧侶階級を頂点にした階級制度で、のちのカースト制度につながるものです。

釈迦族は、現代の地図からいえば、ネパールのあたりにいました。支配民族のアーリア人からは、辺境の劣等民族と見なされていたようです。

仏教文献では、釈迦族は第二階級であるクシャトリア（王族と武士）とされますが、バラモン教の文献によると、**第四階級のシュードラ（賤民《せんみん》）**と書かれています。しかも釈迦族は、アーリア人のコーサラ国によって根絶やしにされたといいます。

生まれたときには歩いていた！

ブッダの生涯はさまざまに脚色されていて伝説の域を出ないのですが、ポイントはおさえておきましょう。

ある夜、マーヤー夫人が、右脇から金色の牙をもつ白い象が胎内に入ったという夢を見ます。これが受胎の証とされています。そして、無憂樹《むゆうじゅ》（アショーカ樹）のもとで、夫人の右脇からブッダは生まれ落ちました。生後すぐに立って7歩歩くと、**「天上天下唯我独尊《てんじょうてんげゆいがどくそん》」**（「宇宙のなかで私よりも尊いものはない」、解釈は諸説あり）」と告げました。

マーヤー夫人はブッダを生んで7日後に亡くなり、ブッダは夫人の妹に育てられます。16歳になると、一族の娘と結婚し、子供をもうけ、表向きは幸せに暮らしました。

しかし、老い、病、死の悩みが深かったブッダは、あるとき城外へ出ようとします。すると、南門で病人、西門で死人、東門で老人に出会い、最後に北門を出てみると、出家者に出会い、気持ちが晴れた思いがしたといいます。このエピソードは、**「四門出遊《しもんしゅつゆう》」**と呼ばれています。

悟りは快楽と苦行の間にある

決意を固めたブッダは、29歳で出家しました（19歳という説もあり）。

妻子をおいて出家というと、あまり褒められた行動とは思えませんが、**当時のバラモン教では、家を出て修行を重ねることが社会的に認められていた**ので、ブッダ一人が変わっていたわけではありません。

いまのインドにも、仕事や子育てが一段落したあと、遊行期として、ひとり旅に出て、瞑想や聖地巡礼を行う人たちがいます。いわば聖者への道を歩む人たちで、仏教ではこうした修行者を**「阿羅漢《あらかん》」**といいます。

ブッダは、5人の修行僧とともに、ナイランジャナー川のほとりのウルヴィルヴァーに住みつき、苦行を行いました。炎天下を裸で過ごしたり、片足のまま立ち続けたり、何十日も絶食したりして、しまいには生ける骸骨のようになりました。

苦行は6年に及びました。しかし悟りを得ることはできません。そこで自ら辿ってきた道を振り返り、**悟りは、王宮での快楽にも修行での苦行にもないと気づきます**。これは、**「中道」**という考え方です。

ブッダは苦行を捨てます。5人の修行僧は彼が挫折したと見て、去っていきました。

ナイランジャナー川のほとりで身を清め、村娘スジャータの乳粥で体を癒し、ブッッ

賤民の一族から生まれたブッダ

「ゴータマ・シッダールタ」として誕生
→29歳で出家、修行を積む

「中道」の中に悟りを見つける
⇓
ブッダ（＝真理を悟ったもの）に

ダガヤの菩提樹のもとで瞑想をはじめました。このとき、悪魔の軍団があらわれ、嵐を起こし、3人の娘を差し向けて誘惑しますが、彼の心は揺るぎませんでした。

瞑想に入って7日目の満月の夜、ついに悟りを開きます。ちょうど35歳の誕生日のことでした。悟りを開いてからは**「ブッダ（真理を悟ったもの）」**と呼ばれます。

ブッダは、その悟りが奥深いもので、人々に理解してもらうのは難しいのではないかと思い、布教することを躊躇します。悟りの境地のまま死のうと思いました。ところが、バラモン教の神ブラフマー（梵天）があらわれ、「生ある限りその真理を広めよ」と告げます。

そこでブッダは、鹿野苑《ろくやおん》に赴き、苦行時代をともにした5人の修行僧に教えを説きます（**初転法輪**《しょてんぽうりん》）。この5人が最初の弟子となって、教団（サンガ）が生まれます。やがて5人は同じように悟り、ブッダに帰依します。

ブッダと5人の弟子は各地で伝道活動をはじめました。その間には、インドを統一したマガダ国が帰依して援助してくれたこともあり、教団は広く知られる存在となりました。

ブッダは、45年にわたって伝道活動をつづけ、80歳のとき、クシナガラでサーラの林（沙羅双樹のもと）で最後の教えを説いて入滅しました。

【仏教の経典は口伝えで広まった】

仏典結集

NO.2

文字にしてはいけなかった

ブッダの入滅後、長い年月をへて「経典《きょうてん》」がまとめられていきます。「経典」とは、つまり「お経」のことです。

じつは仏教では、この経典が文書の形になるまで、数百年かかりました。これだけの年月を要した理由は、**「尊いことは文字にしないで、声に出して伝えるとよい」というインド特有の伝統**があったからです。

インドの伝統にしたがって、ブッダの教えは、口伝えで広まっていきました。ブッダの直弟子たちは、その教えを暗誦しては、各地に出かけ、人々に語りました。

そのときいつも、「私はこのように聞いた」と切り出しました。漢語でいうと、「如《にょ》是《ぜ》我《が》門《もん》」になります。これはそのままお経の言葉になっています。

さて、ブッダが入滅したとき、弟子の一人が、とんでもない爆弾発言をしました。

「これで師から自由になった」

これを聞いたブッダの十大弟子の長老・摩《ま》訶《か》迦《か》葉《しょう》（マハーカッサパ）は、弟子がこんな態度では、ブッダの教えが正しく伝わらないと危機感を募らせました。そこでブッダの教えをしっかり確認するため、仲間で集まることにしました。これが、**第1回仏典結集《けつじゅう》**です。聖者の境地に達している修行僧500人が集まりました（五百結集）。

このときは、ブッダのそばでもっとも多くの教えを聞いていた阿《あ》難《なん》尊《そん》者《じゃ》（アーナンダ）が「経」（ブッダの教え）の部分を、戒律に精通している優《う》波《ぱ》離《り》（ウパーリ）が「律」（戒律）の部分を読み上げたといいます。「三蔵」（P35参照）のうちの「経」と「律」がこのときそろいました。

ただ、このときの経典が実際にどのようなものだったかはわかりません。現存する最古の経典に『スッタニパータ（経集《きょうしゅう》）』や『ダンマパダ（法句経《ほっくきょう》）』などがありますが、これらも第1回仏典結集よりもかなりあとになってつくられたものといわれています。

入滅後500年たって文字になる

仏典結集は、およそ100年ごとに開かれました。毎回、暗誦しやすくするために経典を読み上げる「読経《どきょう》」という形がとられていましたから、そのうち、簡潔で明快なリズムのよい韻文調になっていきました。

第2回の仏典結集には700人（七百《しちひゃく》結集）が集まりました。このとき、**改革派の若手と保守派の長老の間で対立が起きました**。改革派は、「戒律も時代の変化にあわせて変えていくべきだ」と主張し、保守派は「ブッダが定めた戒律をみだりに変えてはいけない」と反対しました。仏教が二派に分裂するきっかけとなります（P26参照）。

第3回の仏典結集では、1000人（千人結集）が集まり、「論」（注釈）がまとめられました。これが「三蔵」（P35参照）の「論」になります。

紀元後2世紀、第4回仏典結集が開かれます。これはクシャーナ朝のカニシカ王が

お経は「ブッダから聞いた」言葉

仏典結集

100年ごとにブッダの弟子が集まって
ブッダの教えを確認する

初期は「読経」による
口伝え

仏説摩訶般若波羅蜜
多心経観自在菩薩
行深般若波羅蜜多
時照見五蘊皆空
度一切苦厄…

⇓

紀元100年頃に
「経典」が文字化される

開いた仏典結集でした。

経典が文字化されるのは、これと前後して、紀元後1世紀頃からだったと考えられています。ブッダの入滅からすでに500年ほどたっていました。教えの内容や解釈を統一するためには、さすがに書き残しておかないとまずいだろう、ということになったのです。

お経は何語で書かれたか？

では、経典は何語で読み上げられ、何語で書かれたのでしょうか？

インドは古くから多民族国家で、地域によって言語が違いました。多くの言語に通じていたブッダは、それぞれの土地の言語をあやつり、説法をしていたといわれます。ただ、ブッダは主にガンジス川の中流域で布教活動をしていて、そこは古代マガダ語が広く使われていたと考えられます。ですから、**ブッダの説法の多くは古代マガダ語だった**と考えられます。

経典が口伝えされた最初期は、**パーリ語**が使われていました。初期の経典である『ダンマパダ（法句経）』などはパーリ語です。

これら初期のパーリ語の経典は、セイロン（スリランカ）や東南アジアなど小乗仏教（P28参照）の国々に伝えられました。ただし、パーリ語には文字がなかったので、セイロンのシンハリ文字やビルマ（ミャンマー）やビルマ文字、タイのシャム文字などを使って文字化されました。いまでもこれら小乗仏教の国々では、パーリ語のお経が唱えられています。

これに対し、大乗仏教（P27参照）の経典が文字化されたときには、インドで教養語として使われていた**サンスクリット語**が使われました。「サンスクリット」とは「完成された」という意味で、中国や日本では「梵語《ぼんご》」と呼ばれます。インドの最高神・梵天がつくったという意味です。

サンスクリット語は、文法体系が当時からずっと変わっていません。いまでも当時の経典をそのまま読むことができます。

大乗仏教の経典は各国の言語に翻訳され、広まっていきます。中国語に翻訳されるのは、1〜2世紀頃からです。中国語では、もとの経典のリズムを重視したことから、4字や5字からなる句をならべる詩のような形式がとられました。中国語の経典は、朝鮮半島を経由し、やがて日本に伝えられます。

【出家しなくてもＯＫ！　大乗仏教が誕生】

大乗仏教と小乗仏教

NO.3

救いの乗り物の大きさが違う

仏教団の発展史をおさえておきましょう。

まず、ブッダの入滅から１００年ほどは、直弟子の布教の影響力が強かったこともあり、ブッダの教えは忠実に受け継がれていました。この頃は**「原始仏教」**の時代と呼ばれています。

しかし、第2回仏典結集のときに大きく2つの派閥に分裂します。

1つは、保守派で**「上座部《じょうざぶ》」**と呼ばれます。原始仏教に忠実で、自分たち自身がブッダと同様の悟りをめざすものです。

もう1つは、改革派で**「大衆部《だいしゅぶ》」**と呼ばれます。自分たちはブッダに到底およぶものではないから、教えに沿いつつも、むしろ自分たちの思索を深めようとするものです。

それからさらに400年ほどのあいだに、両派から分派して、計20もの部派（11の上座部と9つの大衆部）ができました。そのためこの時代は、「部派仏教」の時代といわれています。

しかし考えてみると、これら20の部派は、保守派、改革派の違いはありますが、**自分自身の悟りにのみ関心をもっていた**という点では同じでした。「救いの乗り物」にたとえれば、少人数しか乗れない乗り物を扱っていたのです。なので彼らのことはまとめて、「小乗仏教」と呼ぶことができます。

一方、多数の人々を乗せることができる乗り物を考えたという点から、「大乗仏教」と呼ばれる一団があらわれました。それは、インド社会のなかで身分的に下位にいた、新興階級の商人たちを中心に広まった仏教で、**より多くの人が救われる仏教**でした。

ちなみに、「小乗」「大乗」という言葉だけ見ると、小乗のほうが劣っているように見えますが、「小乗仏教」とは、大乗仏教の人たちがつけた蔑称にすぎません。ですので近年になって、「小乗仏教」と呼ぶのはやめて、正式には「上座部仏教」と呼ぶことになっています。

小乗仏教と大乗仏教は、それぞれ別の方向に広がりました。

小乗仏教のうち、保守的な上座部仏教は、**オリジナルのパーリ語の経典とともに、スリランカをへて、ミャンマー、タイ、ラオス、カンボジアなど、南のほうに伝わりました**。なので「南伝仏教」といいます。

それに対し大乗仏教は、サンスクリット語の経典とともに中国にわたり、そこで中国語に翻訳され、**また儒教や道教の影響を受け、朝鮮半島、さらに海を越えて日本へ伝わりました**。ですので、こちらは「北伝仏教」といいます。

このほかに、チベットや中国、日本に伝わった**「密教」**があります。

密教とは、秘密の教えによって成仏できるというものです。身（行動）・口（言葉）・意（心）の三業《さんごう》による即身成仏をめざすもので、具体的には、護摩《ごま》を焚くことで、人間的な感覚や雑念を抑制し、強制的に成仏できる、というものです。

こうして仏教は、さまざまな形でアジア東側の広大な地域に広がりました。

仏教は多神教となった

では、小乗仏教と大乗仏教の違いは何でしょうか?

ブッダ以来の仏教では、**悟りを開くためには、出家して修行する必要がありました。**出家していない一般の信者(在家《ざいけ》信者)は、彼らを財施《ざいせ》や奉仕という形でサポートすることで、間接的に仏道修行にかかわっていました。

南に伝わった上座部仏教は、いまもそのスタイルを受け継いでいます。東南アジアの僧侶たちは、昔ながらの厳しい修行・戒律を守って黙々と出家生活をつづけていて、一般の人々から深い尊敬を受けています。

しかしこのスタイルには問題もあります。在家信者は、いくら仏道にかかわっていても、出家していないので、いつまでたっても仏にはなれないことです。

これに対し**大乗仏教では、出家してもしなくても、在家信者で悟りが開け、救われる**としました。この大胆な教理の改革によって、一般の人々にも救いの道が開けたのです。

ただ、なにもしなくても救われるということはありません。六波羅蜜《ろくはらみつ》という戒律を

大乗仏教と小乗仏教

大乗仏教

出家をしない
一般の人も救われる

小乗仏教

出家し
自ら悟りを目指す

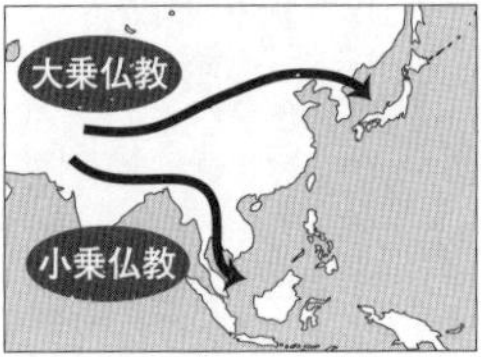

大乗仏教

中国・朝鮮・日本へ
⇒各地の宗教・信仰と融合

小乗仏教

古くからの戒律を守る

実践しなければいけない、としています（P103参照）。

ところで、前にも述べたように、大乗仏教の考え方は、もともとブッダの言説にはないものでしたから、彼らは自分たちで新たな経典をつくり出しました（P33参照）。

そのとき、それぞれの経典において、教えを説く者として**「如来《にょらい》」**や**「菩薩《ぼさつ》」**という存在をおきました。これが、各宗派の本尊になりました。

「如来」は、真理の世界から教えを説くためにやってきた人です。薬師如来本願経の「薬師如来」、密教の「大日如来《だいにちにょらい》」などがいます。「釈迦如来」はブッダのことです。

また「菩薩」とは、仏となる資格をもっていて、悟りをめざす存在です。「観音菩薩」や「弥勒《みろく》菩薩」などがいます。

このように、いくつもの神聖な存在がいることから、仏教は「多神教」という見方がされます。

これに対して上座部仏教は、原始仏教の教義・戒律に忠実であろうとするので、ブッダに対する絶対的な信奉があります。だから、こちらに限っていえば、「一神教」といえます。

【分派により経典の種類が増えていった】

経典の分類

NO.4

新たな経典をつくり出す

小乗仏教と大乗仏教にわかれたことで、経典がどのように発展し、どのような構成になっているのかを見てみましょう。

小乗仏教の経典は、ブッダの教えがより直接的にまとめられています。ブッダの肉声に近いとされる『ダンマパダ（法句経）』や『スッタニパータ（経集）』、ブッダの最後の布教の旅の様子をつたえた『大般涅槃経《だいはつねはんぎょう》』などがあります。また、仏教の教理の集大成とされる『倶舎論《くしゃろん》』は重要で、中国や日本でも学僧が必ず学ぶべき経典とされました。

一方、大乗仏教からは多くの経典が生まれました。大乗仏教は、部派仏教を批判する形で生まれているので、彼らの教えをひきつぐわけにはいきません。

そこで彼らはどうしたかというと、**ブッダの瞑想を追体験することで、それまでにない新たな経典をサンスクリット語でつくり出しました。**

それが、「般若経《はんにゃきょう》」や「浄土三部経」であり、『華厳経《けごんきょう》』や『法華経《ほけきょう》』になります。

いずれも2世紀頃に成立したと考えられています。

小乗仏教の経典は人生や生活の指針となる言葉をたんたんと語るのに対し、**大乗仏教の経典はストーリー性があります**。特に人気の『法華経』などは、ダイナミックな場面が展開します。

ところで、これらの大乗仏教の経典は、正式な題名には「仏説」とついています。たとえば、「般若経」の『般若心経《はんにゃしんぎょう》』は、正式には『仏説摩訶般若波羅蜜多心経《ぶっせつまかはんにゃはらみったしんぎょう》』といいます。この「仏説」とは「ブッダが説いた」という意味です。

実際にはブッダの入滅後、数百年がたってから新たにつくったものなので、創作的な要素が強いといわれていますが、だからこそ「ブッダが説いた」という形をとっているのです。

大乗仏教から密教が生まれる

大乗仏教ではその後、**龍樹《りゅうじゅ》（ナーガルジュナ）**が登場します（P95参照）。あとに詳しく見ますが、彼はもともと小乗仏教に属していましたが、大乗仏教に転じ、**「空」の思想**を説きました。龍樹は、『中論《ちゅうろん》』『大智度論《だいちどろん》』などの著作を残しました。

また、大乗仏教のなかでも、かなりあとから登場したのが**「密教」**です。

インドでは、4世紀初頭にインド人によるグプタ王朝が成立し、ヒンドゥー教を保護しました。仏教が生き残っていくには、大衆にわかりやすい形が必要となりました。そこで、古くから民衆の間で行われていた儀礼や呪術的な要素を取り入れていきました。こうして7世紀頃に成立したのが「密教」でした。

密教は、「大日如来」という仏が説いた最高の教えといわれ、この教えにしたがえば、極悪非道の人間さえ救われるとされました。密教の根本経典としては、『大日経《だいにちきょう》』や『金剛頂経《こんごうちょうぎょう》』ができました。

経典は「三蔵」から構成される

ブッダは、8万4000種類の教えを説いたといわれます。この膨大なお経のほとんどをまとめたのが『大蔵経《だいぞうきょう》』（または『一切経《いっさいきょう》』）です。『大蔵経』は古くから中国や日本でも編纂されています。

たとえば、仏教が伝わった中国では、漢訳した経典を文献として整理して、統一の目録をつけてまとめました。これが『大蔵経』です。

『大蔵経』には、漢語版ばかりでなく、チベット語版、東南アジアなどに伝わったパーリ語版、また日本語版などがあります。時代によっても何度か整理されました。だから『大蔵経』とは、固定されたものではなく、**各時代の各国語の仏典研究の成果**といえます。

膨大にあるお経は、その内容から**「経」「律」「論」**の3種類にわけられます。

「経」とは、**ブッダの教えと教えにまつわる真理や法を説いた**ものです。文字化されたものを「経蔵」といいます。『法華経』や『阿弥陀経《あみだきょう》』などがこれにあたります。

「律」は、**仏教徒が守るべき規則や戒律を説いた**ものです。「殺生をしてはいけない」

現代に伝わる膨大な経典

8万4000種類にわたるブッダの教え

経蔵	律蔵	論蔵
ブッダの教えと真理・法	仏教徒が守る規則・戒律	「経」と「律」の注釈を文字化

↓

「三蔵」

仏教の基本となる経典のこと
『西遊記』の玄奘は三蔵を究めた三蔵法師

「お酒を飲んではいけない」などの規則を説いています。そして、これら規則や戒律をやぶったら、どのような償いをするかも事細かに書かれます。こちらは文字化されたものを「律蔵」といいます。

この**「経」と「律」に対する注釈をまとめたものが「論」**です。これを文字化したものを「論蔵」といいます。

この「経蔵」「律蔵」「論蔵」の3つをあわせて**「三蔵」**と呼びます。「三蔵」が仏教の基本となる経典になります。

ちなみに「三蔵法師」とは、この「三蔵」を究めた僧のことです。小説『西遊記』で知られる**玄奘**《げんじょう》もその一人です。

中国では、「三蔵」を究めた翻訳者を

「訳経三蔵《やっきょうさんぞう》」と呼びました。そのなかでも特に優れた「四大《しだい》翻訳家」が、鳩摩羅什《くまらじゅう》、真諦《しんだい》三蔵、不空《ふくう》三蔵、そして玄奘三蔵でした。玄奘は、この4人のなかでも特に大きな功績を残していることから、「三蔵法師」といえば「玄奘」とイメージされるようになりました。

玄奘は、629年頃、中国からインドへお経をとりにいき、650以上の経典を中国へもたらすことに成功しました。その旅の克明な記録『大唐西域記』がもとになって、あとに『西遊記』ができました。

【北伝仏教は中国で十三宗派に発展する】

仏教の伝播

NO.5

イスラム教徒の弾圧で衰退

これまでに見てきたように、仏教は北インドに生まれたブッダの悟りからはじまり、インドを中心に広まっていきました。しかし、**現在、インドには1%ほどの仏教徒しかいません**。なぜこれほど少ないのでしょうか？

インドの仏教は、クシャーナ朝（1～3世紀）の頃に最盛期を迎えました。ただ、インドでは仏教だけが信仰されていたわけではなく、古くからのバラモン教がありましたし、4世紀頃には新しいヒンドゥー教も生まれました。

仏教とヒンドゥー教は7世紀頃までライバルとして共存していましたが、**8世紀頃から、仏教はヒンドゥー教に徐々に吸収されていきます**。またこの頃から、イスラム教徒（ムスリム）が北インドに侵入してきました。

大きな変化が起きたのは、13世紀初頭。**北インドにイスラム政権（奴隷王朝）が建てられ、イスラム化が進みました**。一方、南インドにはヒンドゥー政権が建てられ、仏教を圧迫しました。仏教徒は、南北で窮地に立たされたのです。

特にムスリムによる仏教弾圧はすさまじく、寺院や仏像を徹底的に破壊しました。仏教徒は仏像に拝む習慣がありましたが、ムスリムはこの偶像崇拝を許さなかったのです。13世紀当時、密教の最大寺院であったベンガルのヴィクラマシーラ寺は、ムスリム軍の攻撃をうけ、僧侶と尼僧が惨殺されています。

仏教徒はムスリムの弾圧にも抵抗せずに殺されていきました。この無抵抗は、戒律の不殺生（P85参照）に基づく非暴力主義のあらわれと見られています。

こうしてインドの仏教は、13世紀までに完全に滅ぼされてしまいました。

インドで仏教が復興したのは、トルコ系イスラム王朝のムガル帝国（16～19世紀）が崩壊して、イギリス支配から抜け出そうとした19世紀以降のことです。

他の宗教に弾圧された仏教

■4世紀頃のインド　■8世紀頃のインド　■13世紀頃のインド

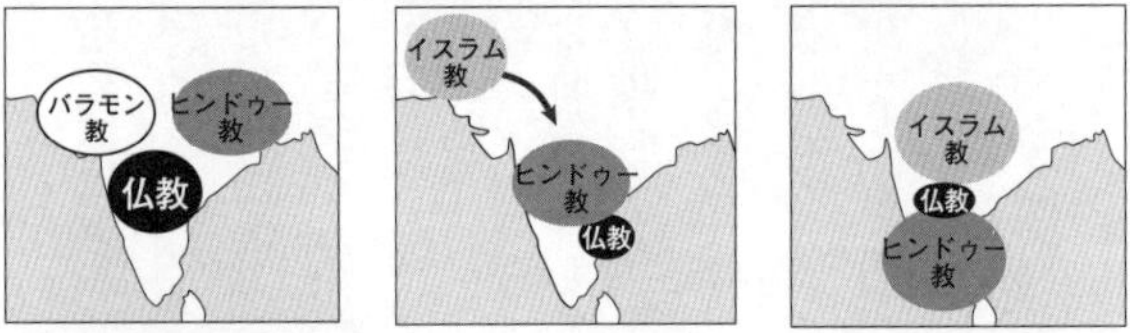

他の宗教と共存　ヒンドゥー教に吸収　南北から圧迫

仏教の戒律にある「不殺生」

⇓

ムスリムの弾圧に
抵抗できなかった

中国十三宗が生まれる

仏教はインドでは衰退しましたが、東南アジア諸国を中心に伝わった上座部仏教（南伝仏教）と、中国・朝鮮・日本などに伝わった大乗仏教（北伝仏教）は、それぞれの国に根づき、独自の発展をとげました。

とくに大乗仏教の最初の窓口となった中国では、大きな広まりを見せました。

中国に最初に仏教が伝わったのは紀元前後と見られています。インドからの商人らによって、敦煌《とんこう》にもたらされたのがはじまりでした。

この頃の中国には、儒教と道教が根づ

いていました。なので、**はじめは知識人が経典を翻訳し、教養の1つとして仏教が学ばれていました**。その過程で、中国の僧らがインドに赴き、経典を中国にもち帰るようになりました。

有名な僧としては、5世紀の**鳩摩羅什**《くまらじゅう》がいます。彼は、大乗仏教の仏典を漢訳したほか、上座部仏教と大乗仏教の違いをはっきり理解し、大乗仏教をすすめて説いたことで知られています。

そのほか、4~5世紀の**法顕**《ほっけん》や7世紀の**玄奘**（P36参照）がいます。彼らはインドで仏教を学んで持ち帰り、唐の時代（7~10世紀）の仏教全盛期をもたらします。

中国では、13の宗派が生まれました。それが、毘曇宗《びどんしゅう》、成実宗《じょうじつしゅう》、浄土宗、律宗、地《じ》論宗《ろんしゅう》、三論宗《さんろんしゅう》、涅槃宗《ねはんしゅう》、禅宗、摂論宗《しょうろんしゅう》、天台宗、華厳宗、法相宗《ほっそうしゅう》、真言宗《しんごんしゅう》です。

これほど教えが異なる宗派が生まれた背景の1つには、翻訳の問題があります。

サンスクリット語の経典からの漢訳は、言語系統がまったく違うため、微妙なニュアンスの違いが生まれ、僧による解釈の違いが生まれます。さらに、「自由主義」の大乗仏教は、教義や経典を自由に解釈することが許されていましたので、**それぞれの僧の解釈の違いや考え方がそのまま派閥になっていった**と考えられます。

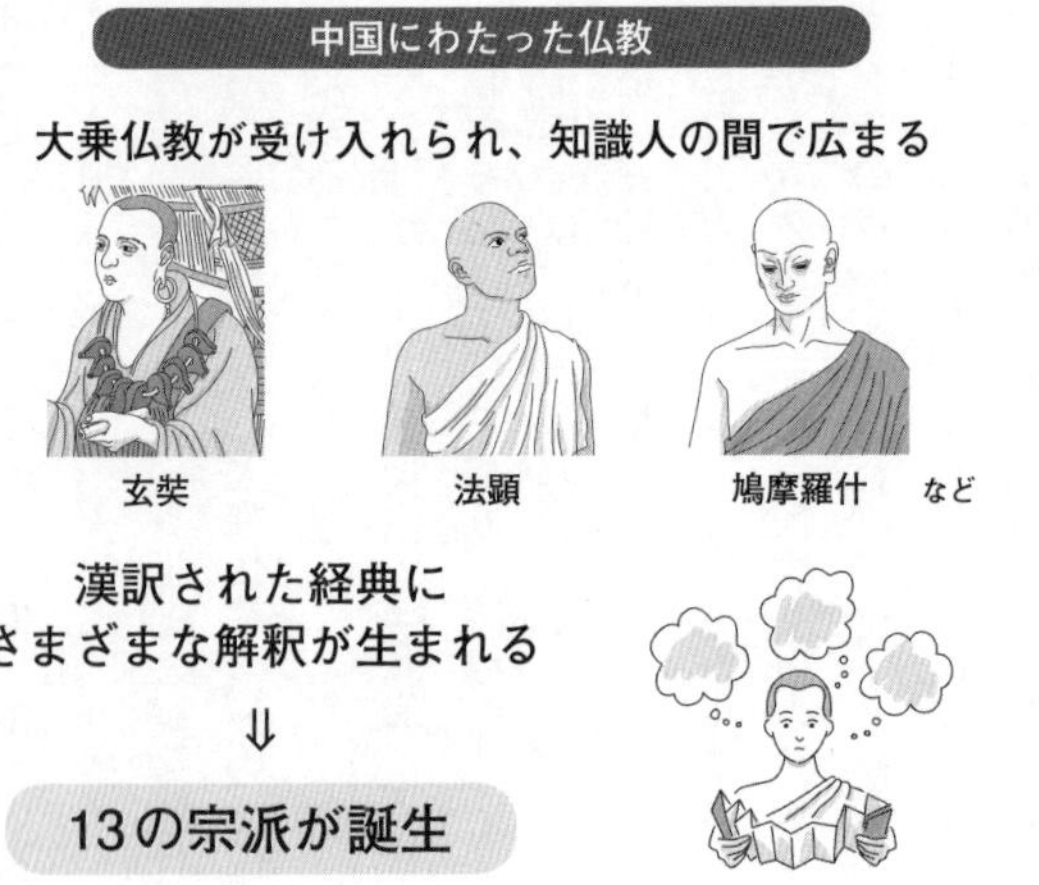
中国にわたった仏教
大乗仏教が受け入れられ、知識人の間で広まる
玄奘
法顕
鳩摩羅什　など
漢訳された経典に
さまざまな解釈が生まれる
⇓
13の宗派が誕生

中国で独自につくられた経典もありました。中国でつくられたけれど、インドのオリジナルの経典を漢訳したという体裁をとった経典で、これを「偽経《ぎきょう》」といいます。偽経に対し、インドでつくられた正統なお経は「真経《しんきょう》」といいます。

たとえば、偽経には、閻魔大王が登場する『十王経《じゅうおうぎょう》』、老子が仏教の教えを説く『老子化胡経《ろうしけこきょう》』、お盆の起源を説いた『仏説盂蘭盆経《ぶっせつうらぼんきょう》』、親孝行をすすめた『仏《ぶっ》説《せつ》父母恩重経《ぶもおんじゅうきょう》』などがあります。中国古来の道教や儒教の思想を仏教の体裁にして語っているものが多いです。

これらの偽経は、日本では真経と同じように受け入れられました。

【蘇我・物部対立をへて日本に仏教が根づく】

日本における仏教の開祖

NO.6

仏教をめぐって朝廷内は対立

中国で発展した仏教（大乗仏教）は、朝鮮をへて日本に伝わります。

６世紀頃、朝鮮半島では高句麗《こうくり》・新羅《しらぎ》・百済《くだら》の３国が争っていました。新羅の攻撃をうけた百済の聖明王《せいめいおう》は、日本に援助を求めるかわり、５３８年（『日本書紀』では５５２年）、欽明《きんめい》天皇に仏教の経典や仏像を献上しました。

これが公式に日本に仏教が伝わった最初とされます。「公式に」というのは、民間レベルではすでに「私的に」仏教は伝わっていたと考えられるからです。

仏教をめぐっては、**宮廷で激しい対立**が生じました。**仏教を取り入れようとする進歩派の蘇我氏と、日本古来の神思想を守ろうとする保守派の物部氏《もののべし》**の対立です。

欽明天皇が、異国の仏像を拝むべきかどうか臣下に問うと、蘇我稲目《そがのいなめ》は、諸外国が仏像を拝んでいるのに、「日本だけがどうして一人だけ礼拝しないでいられようか」と答えました。一方、物部大連尾輿《もののべのおおむらじのおこし》や中臣連鎌子《なかとみのむらじのかまこ》は、近隣からきた仏を蕃神《ばんしん》と呼び、「蕃神を拝んでは、日本在来の国神《くにつかみ》の怒りを招く」と批判しました。

結局、この激しい抗争は**蘇我氏が勝ち、仏教は公認される**ことになります。

ちなみに、仏教をめぐる紛争を蘇我氏と物部氏の権力闘争に結びつける以上のような筋書きは『日本書紀』などの記述によるもので、これに疑問をもつ学者もいます。

聖徳太子が仏教の基礎を築く

物部氏を滅亡させた蘇我氏は、朝廷で勢力を拡大します。その蘇我氏の子孫で、日本の仏教の基礎を築くのに大きく貢献したのが、**聖徳太子**です。

欽明天皇の子の用明天皇は、天皇として最初に仏教徒になりました。用明天皇の第

日本に入ってきた仏教

6世紀、公式に仏教が日本に伝わる

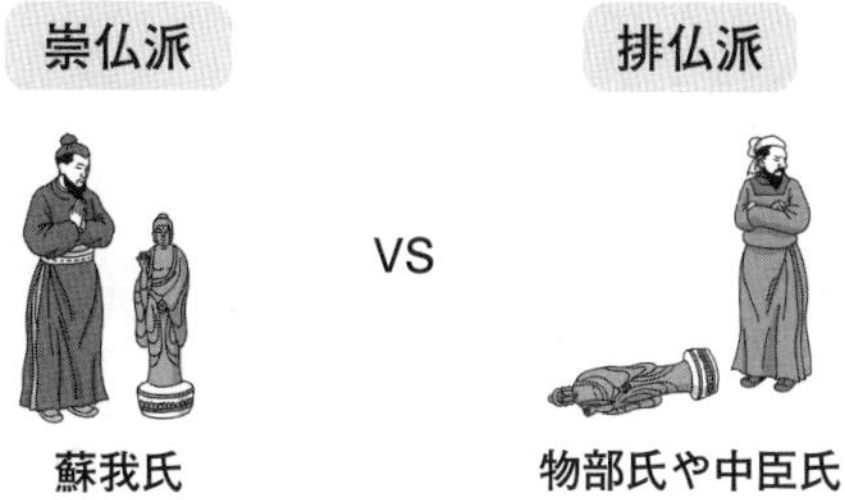

崇仏派が勝ち、仏教は天皇公認の信仰になる

二皇子として生まれたのが聖徳太子です。

592年、日本で最初の女帝として推《すい》古《こ》天皇が即位したとき、聖徳太子は摂政に就きました。聖徳太子は、20歳の頃から、高句麗の僧・慧《え》慈《じ》などの手ほどきで本格的な仏教を学び、**いまだに争いが絶えない日本は、仏教の力によって統治すべきと考え、仏教を国家的に制度化しました。**

「和をもって貴《とうと》しとなす」「篤《あつ》く三宝（仏・法・僧）を敬え」などの言葉が並ぶ「十七条憲法」を制定し、隋の仏教文化を取り入れるために小野妹子らを隋に派遣しました。法隆寺、四天王寺、広隆寺を建立したのも聖徳太子です。また、

『法華経』『勝鬘経《しょうまんぎょう》』『維摩経《ゆいまぎょう》』の注釈書である『三経義疏《さんぎょうぎしょ》』をあらわしました。これは日本ではじめての本格的な仏教の注釈書です。

こうした活躍で日本の仏教の礎を築いた聖徳太子は、８世紀頃から聖人として扱われるようになり、鎌倉時代には「太子信仰」が広まりました。

鑑真が戒壇を設立する

奈良時代になると、**聖武天皇**が仏教によって国を護ろうとする**鎮護国家**の形を整えました。その拠点となったのが、各地に建てられた国分寺や国分尼寺《こくぶんにじ》です。ここは医療や災害のときの救済施設であるとともに、地方の仏教の布教の場となりました。また総本山である奈良の東大寺には、毘盧遮那仏《びるしゃなぶつ》（奈良の大仏）をつくりました。

唐から輸入された仏教は、平城京で学ばれました。それが**南都六宗**（三論宗、成実宗《じょうじつしゅう》、法相宗、倶舎宗《くしゃしゅう》、華厳宗、律宗）です。**この「宗」とは宗派をさすのではなく、仏教研究の学派のようなもの**です。この時代の僧侶は、これらの仏教の学派で学び、修行することが求められていました。

僧侶になるための授戒の制度も整えられました。仏教では、僧侶になるため、戒律にしたがい、守ることを誓わなければいけません。戒律のうち、自分で自分に誓うものを「戒」といい、集団の規則を「律」といいます。「戒」を誓うには、10人以上の正式の僧尼の前で「授戒」という儀式を行う必要がありました。

この授戒の制度がなかったことから、唐から戒律の名僧・**鑑真**《がんじん》を招きます。鑑真は、何度も渡航に失敗して失明しましたが、6度目の渡航で来日を果たします。鑑真は、東大寺に僧侶の資格を与える戒壇を設立し、本格的な授戒制度を整えました。また、戒律の研鑽につとめるため、唐招提寺《とうしょうだいじ》を建てました。

最澄が天台宗を開く

奈良の仏教界（南都仏教界）が力を伸ばすと、これを嫌って、桓武《かんむ》天皇は都を京都にうつしました。これが平安京で、平安時代がはじまります。

桓武天皇は、南都仏教にかわる新しい仏教を保護しました。その結果生まれたのが、

最澄の天台宗と、**空海の真言宗**です。２人は、桓武天皇が送った同じ遣唐使船にのって唐にわたり、新しい経典を持ち帰り、それぞれの宗派の基礎を築くことになります。

最澄は19歳のとき、奈良・東大寺で授戒をうけて正式の僧となりましたが、堕落した奈良の仏教に幻滅し、ひとり故郷の近江国の比叡山に登り、修行生活に入りました。そのとき、『法華経』をもとにした天台宗の教義を知りました。

８０４年、38歳のときに唐に渡り、天台山で教えを授かり、翌年帰国。８０６年に日本天台宗を開くことを認められ、比叡山に延暦寺を建てます。

最澄の教えの特徴は、**「すべての人間が成仏できる」という一切皆成《いっさいかいじょう》**を説いていることです。これは、一定の条件を満たした者しか成仏できないとする南都仏教とは対立するものでした。

また、最澄の天台宗は、『法華経』の信仰、戒律、禅、密教という４つを総合した教えである、「四宗融合」です。総合的で幅広い教えだった天台宗は、貴族層の支持を集めました。

最澄は、東大寺にかわる新たな授戒のルートもつくります。東大寺は「具足戒」という小乗戒をさずけるものでしたが、これに対し、比叡山で「大乗菩薩戒」をさずけて僧になる制度をつくろうとしたのです。これは最澄の死後に朝廷から認可されました。

鎌倉時代には、この比叡山で学んだ法然、親鸞、道元、日蓮などが新しい宗派を開きました。その意味で、比叡山は鎌倉仏教のベースとなったといえます。

空海が真言宗を開く

一方の空海は、もともと官僚になることをめざしていたエリートです。

774年、讃岐国（香川県）の豪族の息子として生まれた空海は、18歳で京に上って学校に入り、官吏養成コースを歩みました。しかしその途中、ある僧侶から、「虚空蔵求聞持《こくぞうぐもんじ》の真言を100万回唱えれば、すべてのことを知ることができる」と教えられ、仏教への関心を高めました。そこで学校を離脱し、阿波、土佐、吉野などで厳しい修行をしてまわりました。ちなみに、こうして空海が巡った場所はのちに聖地となり、四国八十八ヶ所となっています。

この修行中、出家の決意をした空海は『三教指帰《さんごうしいき》』を書きます。これは、儒教、道

日本に仏教が根づくまで

飛鳥～奈良時代

権力者が仏教を国家の制度に利用（例：聖武天皇）

奈良時代

南都六宗で僧が仏教を学ぶ

三論宗　成実宗　法相宗　倶舎宗　華厳宗　律宗

平安時代

最澄

空海の「真言宗」
最澄の「天台宗」
↓
鎌倉仏教に引き継がれる

空海

教、仏教の３つを並べて考えたうえで、仏教がどれほどすぐれているかを説いたものです。

31歳のとき、最澄と同じ遣唐使船に乗り、唐を訪れました。唐・長安の清龍寺で密教のすべてを伝授され、２年後に帰国。８１６年、高野山金剛峯寺《こんごうぶじ》を建て、のちに京都の東寺《とうじ》を密教の道場としました。密教はそれまでも日本に伝えられていましたが、**空海は唐で学んだ密教を日本風に再編し、真言宗（真言密教の宗）としました**。真言密教は、「大日如来」という仏からさずけられたインド直伝の正統な教えです。言葉では伝えきれない真理そのものを修行によって自ら体得しようとします。

具体的には、**三密加持と呼ばれる、体と口と心でなされる3つの修行を実践することで、即身成仏する**ことをめざします。即身成仏とは、人が現世でありのままの姿で仏（大日如来）になれることです。つまり、人間は死んだあとでないと仏になれないとする考えとは対照的です。

【民衆のための鎌倉仏教が生まれる】

日本仏教のひろがり

NO.7

平安末期に浄土信仰が広まる

平安末期の11世紀頃、人々の間に**末法《まっぽう》思想**が広まりました。末法思想とは、ブッダの入滅後１５００年後には末法となり、戦乱がつづき、天変地異が起こるというものです（Ｐ１１１参照）。不安を募らせる一般民衆に受け入れられたのが浄土信仰でした。

浄土信仰はどのような教えかというと、**「南無阿弥陀仏」と唱えるだけで極楽浄土へいける**、とする考えです。「南無」とは「帰依する」という意味で、「南無阿弥陀仏」とは、「私は阿弥陀仏に帰依します」という意味になります。

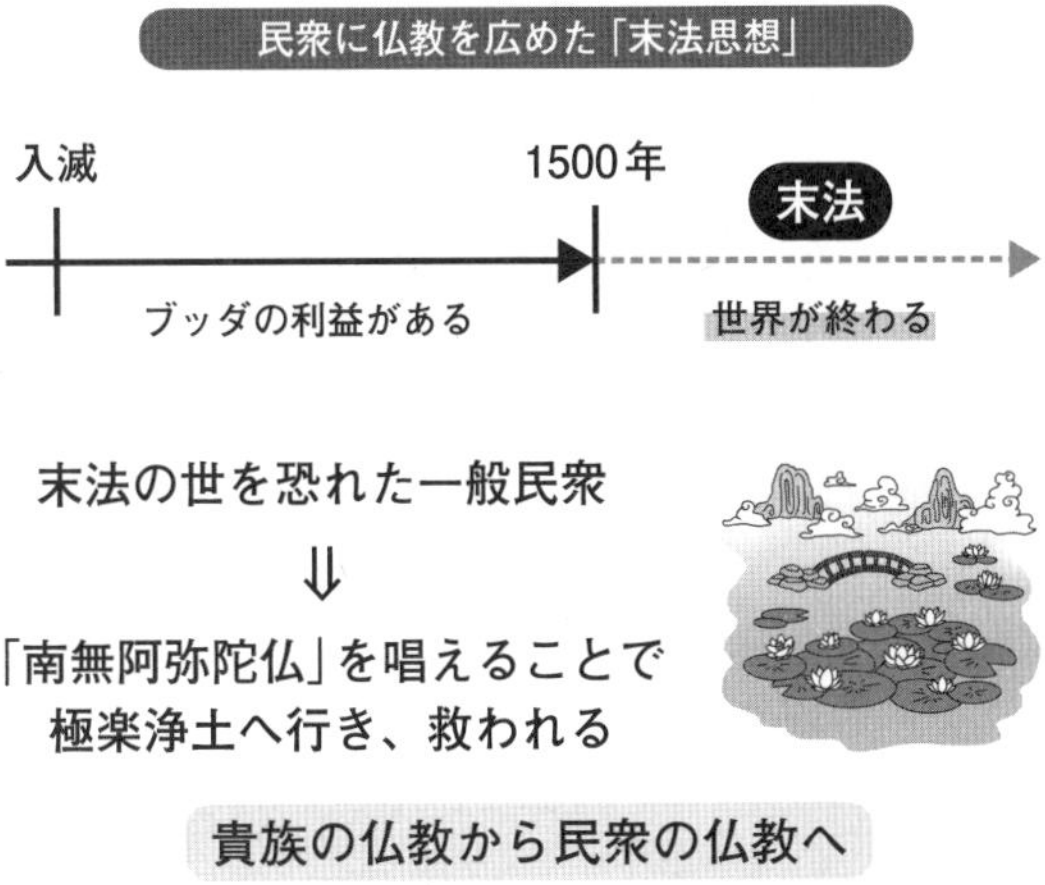
民衆に仏教を広めた「末法思想」
入滅
1500年
末法
ブッダの利益がある
世界が終わる
末法の世を恐れた一般民衆
⇓
「南無阿弥陀仏」を唱えることで
極楽浄土へ行き、救われる
貴族の仏教から民衆の仏教へ

この浄土信仰は、鎌倉時代になると法然の浄土宗につながりました。それにつづいて新しい仏教宗派（鎌倉新仏教）があらわれました。それまでの仏教の対象は、貴族など一部の人に限られていましたが、**鎌倉新仏教は広く庶民を救うためのもの**になりました。

また、鎌倉新仏教の創始者たちはみな、比叡山に入り、天台宗をおさめることをスタートとしたという共通点があります。

法然が浄土宗を開く

法然は、1133年、美作国（岡山県）に生まれます。横領使（地方の警察）をしていた父が土地の人間に殺され亡くなりますが、父が遺した言葉「敵を恨まず出家して仏道を求めよ」にしたがって、9歳で出家します。13歳で比叡山に入り天台宗を学び、奈良で法相宗や三論宗を学び、また比叡山に戻ります。長年の迷いが消えて開眼したのは、43歳のときでした。

中国浄土教をまとめた善導《ぜんどう》の著書『観無量寿経疏《かんむりょうじゅきょうしょ》』のなかの、**「もっぱら阿弥陀仏の名号を唱えれば、極楽浄土に往生できる」**という意味の一文を見て、これだと思います。

さらに、天台宗の源信が、極楽浄土に往生するための要文をくわしく説いた『往《おう》生要集《じょうようしゅう》』を読み、念仏「南無阿弥陀仏」を唱えることが大切であると考えました。念仏の修行に専心する「専修念仏宗《せんじゅねんぶつしゅう》」＝浄土宗を確立します。法然の浄土宗は、来世での往生を願うのではなく、むしろ**現世で、念仏「南無阿弥陀仏」を唱えることで充実させることが重要であると説く、誰にでもわかりやすいもの**でした。

ですので、貴族や武士階級だけでなく、一般の庶民にも急速に広まりました。しかし、旧仏教各派からの圧迫が激しくなり、75歳のとき、弟子の起こした事件で土佐（高知県）への流罪となりました。

親鸞が浄土真宗を開く

法然の弟子の一人である親鸞は、浄土真宗を開きました。

親鸞は、公家の生まれですが、幼児期に父母を失って出家し、9歳から比叡山で修行します。29歳のとき、京都の六角堂にこもっていると、聖徳太子（救世《ぐぜ》観音の化身）から夢のお告げがあり、「雑行を棄てて本願に帰す」といって、東山の吉水《よしみず》にあった法然の門に入りました。

1207年、法然の流罪のときには、親鸞も越後に流罪となり、流罪先で恵信尼《えしんに》と結婚しました。僧侶にもかかわらず「妻帯」したことは当時としては衝撃的な出来事でした。流罪が解けてからは、越後、常陸で僧俗一体の生活を送りながら布教をつづけ、62歳で京へ戻ります。

では、親鸞の浄土真宗は、浄土宗とは何が違うのでしょうか？

両宗とも、「浄土三部経」を基本経典としています。また、念仏を唱えることも同じです。しかし、念仏に対するとらえ方は違います。

法然は、「自分で念仏を唱えることによって阿弥陀仏に救われる」という点にとどまっていましたが、親鸞は、**「自分が『南無阿弥陀仏』と念仏を唱えること自体、阿弥陀仏からいただいた信心の力によってできること」**と説きました。この信心は、自分の力（＝自力）ではなく、**阿弥陀仏からいただいたもの（＝他力）**とするところがポイントです。

もっと言えば、「人々はすでに、悪人だろうが善人だろうが、往生することはすでに決まっているので、阿弥陀仏には感謝する必要があり、その感謝することが念仏である」といいます。このような「絶対他力」を説きました。

弟子の唯円《ゆいえん》がまとめた親鸞語録『歎異抄《たんにしょう》』には、**「善人なおもて往生をとぐ、いわんや悪人をや」**とあります。「善人が阿弥陀仏に救われるのは当然で、救われがたい悪人こそ、阿弥陀仏は救おうとなさる」ということです。これは**「悪人正機説《あくにんしょうきせつ》」**といいます。

禅宗の臨済宗と曹洞宗

浄土宗と浄土真宗では「念仏」がポイントになりましたが、禅宗は**「座禅」**がポイントになります。座禅を組んでひたすら瞑想をすることで悟りを得る、というのが禅宗の教えです。

この禅宗の教えは、インド出身の菩提達磨《ぼだいだるま》が、6世紀に中国で成立させたと考えられています。日本で広まったのは鎌倉時代、栄西（臨済宗）と道元（曹洞宗）の教えによります。

まず栄西ですが、14歳で出家して、比叡山で天台宗の僧となります。1回目の中国・宋への留学で天台の教義を学び、2回目の留学で禅宗の教えを学びます。栄西が学んだのは、禅宗のなかでも、9世紀に臨済義玄《りんざいぎげん》からはじまる臨済宗の教えでした。臨済宗の特徴は、座禅は大事ではあるが、悟りにいたるには戒律も重視するとしている点です。帰国後、栄西は九州・博多に聖福寺《しょうふくじ》を建て、禅宗の拠点とします。

座禅のスタイルは武士階級に好まれ、やがて鎌倉で北条政子と源頼家の帰依を受け、鎌倉に寿福寺《じゅふくじ》、京都に建仁寺《けんにんじ》が建てられています。

一方の道元ですが、13歳で出家し、やはり比叡山で天台宗を学んだあと、建仁寺に入り、栄西の弟子・明全《みょうぜん》のもとで禅の修行をしました。24歳のとき、明全について宋に渡り、曹洞禅の如浄《にょじょう》から厳しい座禅修行「純禅」を伝えられ、悟りを開きます。

帰国後、道元が開いた曹洞宗の教えは、座禅そのもののなかに悟りがあるとするもので、**座禅そのものが目的**となりました。これがブッダ以来の「正伝の仏法」と教えました。庶民には厳しい座禅修行はできません。なので、もっぱら少数の弟子と座禅修行をする宗派となりました。

『法華経』を唯一の経典とした日蓮宗

日蓮宗では、経典『法華経』への信仰を唯一絶対としています。

開祖は日蓮です。新宗派のほかの開祖はみな公家や武家の出身ですが、日蓮は庶民の出で、1222年に安房国《あわのくに》（千葉県）の漁師の息子として生まれました。ただ、父の代までは遠江《とおとうみ》（静岡県）の武士だったといわれています。

日蓮は16歳で出家し、南都各宗、天台宗、真言宗、浄土宗、禅宗などあらゆる仏教を各地で学びながら、真実の仏教を探し求めました。そしてたどりついたのが『法華経』でした。日蓮は、『法華経』にこそブッダの教えの神髄があると考えました。天台宗も『法華経』を信仰しますが、密教や浄土教などほかの経典も重んじます。これ

に対し、**日蓮は『法華経』のみに特化した**点で大きく異なります。

日蓮は、『法華経』の**「南無妙法蓮華経」の題目を唱えれば、すぐに仏となれる、即身成仏できる**と教えました。

ちなみに、念仏と題目の違いですが、「南無阿弥陀仏」の念仏は、ブッダのことを念じることであり、ブッダを崇拝することです。これに対し「南無妙法蓮華経」の題目を唱えることは、ブッダの教えを信じることといえます。

日蓮は『法華経』にもとづく信仰を幕府にうったえたり、他宗を批判したことから、たびたび迫害をうけましたが、それでも最後まで布教をつづけました。

【初期のお経にはブッダの肉声が伝わる】

現代に伝わる各宗派のお経

NO.8

初期のお経

現代に伝わる各宗派の経典を整理しておきましょう。まずは、ブッダの肉声に近い教えが含まれていると考えられる初期の経典です。

代表的なものの１つが、**「阿含経《あごんきょう》」**です。「阿含経」は、１つの独立したお経ではなく、無数のお経の集まりになっています。仏教経典のなかでももっとも早い時期にまとめられたもので、ブッダの肉声が多く収められているとされます。

『ダンマパダ（法句経《ほっくきょう》）』は、４２３の短い言葉で人生訓が説かれています。国際的にも「ダンマパダ」の名前で知られていて、キリスト教の聖書とも比較されます。

『スッタニパータ』は、「スッタ」が「経」で、「ニパータ」が「集」という意味で、日本では**『経集《きょうしゅう》』**と呼ばれてきました。ブッダの話し言葉を忠実に伝える経典とされ、人として歩むべき生活の指針が明快に示されています。

『大般涅槃経《だいはつねはんぎょう》』は、ブッダの最晩年の姿が描かれています。「大般」とは「完全に」という意味で、「涅槃」とはブッダの死のことをあらわしています。

この『大般涅槃経』は、遺骨（仏舎利《ぶっしゃり》）の分配についても描かれています。ちなみに、仏舎利は８つにわけられ、各地にまつられ、そこに仏塔《ぶっとう》が建てられました。紀元前３世紀に全インドを統一したマウリヤ王朝のアショーカ王は、仏舎利をほりおこし、それを細かくわけ、各地の寺院におさめ、そこに仏塔を建てました。その数は８万４０００といわれ、仏教が広まるきっかけとなりました。

インド生まれの大乗仏教のお経

次に、インドで生まれた大乗仏教のお経を見てみましょう。

まず、「大般若経」があります。これは全体で600巻のボリュームがあります。このうちもっとも短くて有名なものが『般若心経』です。『般若心経』はわずか262文字で、ブッダが説いた智慧の真髄を説いています。

『**法華経**』は、日本でもっともポピュラーなお経の1つです。『法華経』は、インドから中央アジアにかけて別々に広まっていたさまざまなストーリーをまとめてできています。全体として、「ブッダの教えは1つであるはずなのに、なぜ仏教の進展とともにさまざまな形にわかれてしまったのか」という疑問にこたえる内容となっていて、結局、すべての人が仏になる可能性があって、必ず救われると説いています。

『**華厳経**《けごんきょう》』は、正式名称は『大方広仏華厳経《だいほうこうぶつけごんきょう》』といいます。「華厳」とは「美しい華で飾られた」という意味で、このお経の主人公である毘盧遮那仏の真理の世界をあらわしています。

毘盧遮那仏は、サンスクリット語で「ヴァイローチャナ（輝くもの）」といい、太陽のように世界の中心に輝き人々を救済するとされています。このお経では、さまざまな求道者が毘盧遮那仏の真理を求めて厳しい修行をします。

『**維摩経**《ゆいまきょう》』は、正式名称は『維摩詰所説経《ゆいまきつしょせつきょう》』といいます。ストーリーは、維摩という

お経は「ブッダの言葉」

初期のお経

阿含経	ダンマパダ（法句経）	スッタニパータ（経集）

⇓

人生訓や生活の指針を示す

すべてのお経は
「仏説」＝「ブッダが説いた」もの

インドで生まれたお経はブッダの教えに基づいたストーリー仕立てのものが多い

在家信者が、さまざまなやりとりのなかで出家の仏弟子たちを打ち負かすというものです。つまりは、在家主義の大乗仏教が、出家主義の小乗仏教を批判するお経になっています。

浄土信仰の基本経典となるのが「浄土三部経」で、**『無量寿経《むりょうじゅきょう》』『観無量寿経《かんむりょうじゅきょう》』『仏説阿弥陀経』**の3つになります。

『無量寿経』は、浄土信仰の根本になるお経です。阿弥陀仏がすべての人々を救う48の願いをたて、願いが成就したことで、仏になったという内容です。

『観無量寿経』は、阿弥陀仏と極楽浄土を観察する方法を説いています。

『仏説阿弥陀経』は、日本でポピュラー

なお経の1つです。阿弥陀仏と極楽浄土のすばらしさが説かれ、極楽浄土に生まれるには、「南無阿弥陀仏」と仏の名前を唱えることをすすめています。

『**大日経**』は、7世紀頃にできた密教の経典です。正式名称は『大毘盧遮那成仏神変《だいびるしゃなじょうぶつじんべん》加持経《かじきょう》』といいます。毘盧遮那仏（大日経）が菩薩たちに自らの悟りを説いた内容となっています。毘盧遮那仏は、『華厳経』の主人公と同じですが、宇宙のどこにいても救いをさしのべてくれるような、より偉大な仏とされています。

また、大乗仏教は「仏説」として、ブッダがお経を説く形になっていますが、『大日経』は、毘盧遮那仏（大日経）がお経を説く形になっているという違いがあります。

中国で生まれたお経

次に中国で生まれたお経を見てみましょう。中国では古来の儒教や道教の思想と融合したお経が生まれました。

『老子化胡経《ろうしけこきょう》』は、3世紀頃に王浮《おうふ》という道教の修行者が書いたものです。道教の祖・老子が中国で自説を広めたあと、インドでブッダに生まれ変わり、仏教の教えを説いたという内容です。仏教よりも道教の地位が高いことが示されています。『仏説《ぶっせつ》父母恩重経《ぶもおんじゅうきょう》』は、父母の恩にむくいるために、孝養をつくすことを説いています。

『仏説盂蘭盆経《うらぼんきょう》』は、お盆（盂蘭盆会《うらぼんえ》）の仏教行事の起源について説明したものです。

以上の『老子化胡経』『仏説父母恩重経』『仏説盂蘭盆経』の3つは、漢訳の体裁をとった「偽経」になります（P42参照）。

『法華玄義《げんぎ》』は、中国で天台宗の基礎をきずいた智顗《ちぎ》があらわしたもので、天台宗の根本経典である『法華経』の思想の趣旨を説いています。

『百丈清規《ひゃくじょうしんぎ》』は、禅宗の僧・百丈懐海《えかい》があらわしたものです。彼は、百丈寺という禅宗のための寺をはじめて開きました。そこで生活する僧侶の規律を定めたのが『百丈清規』でした。

『観経疏《かんぎょうしょ》』は、善導《ぜんどう》があらわしました。中国の浄土信仰は、曇鸞《どんらん》、道綽《どうしゃく》の2人によって基礎づけられ、善導がそれをひきつぎました。**善導の『観経疏』は、『観無量寿経』の注釈となっています**。ひたすら念仏することのみが救いの手段であることを説いていて、このお経をきっかけに、日本の法然は浄土宗を開きました。

『大日経疏』は、密教の経典『大日経』の注釈書です。『大日経』はインド人の僧侶・

善無畏《ぜんむい》によって漢訳され、弟子の中国人僧侶・一行《いちぎょう》がそれを記録しました。一行がその漢訳をもとに解説を加えたのが『大日経疏』です。日本の真言宗の根本経典として重視されています。また、善無畏のもう1人の弟子・智厳《ちごん》は、『大日経疏』を修正して『大日経義釈』をあらわしています。こちらは天台密教で用いられています。

日本でつくられたお経

最後に、日本でつくられたお経を見てみましょう。

『山家学生式《さんげがくしょうしき》』は、比叡山延暦寺で天台宗を開いた最澄が、比叡山に戒壇（正式な僧侶となるための施設）を設けることを何度も天皇に願い出た一連の文書を総称したものです。「山家」とは天台宗のことで、「学生式」とは仏教を学ぶ学生（学僧）が守るべき規則のことです。

『往生要集』三巻は、平安時代の天台宗の僧・源信があらわしたものです。さまざまな経典から極楽往生に関する重要な文章を集め、問答形式で教えを説いています。極楽に往生するためには、念仏しかないことを述べています。

『**三教指帰**《さんごうしいき》』は、空海が23歳で出家するときにはじめて書いた仏教書です。仏教、儒教、道教の3つを比較して、仏教がもっとも優れた教えであることを説いてます。

『**一枚起請文**《いちまいきしょうもん》』は、法然が臨終のときに、弟子の求めに応じて一枚の紙に記したもので、念仏による極楽往生の要旨を説いています。『般若心経』と同じようにとても短いお経です。

『**教行信証**《きょうぎょうしんしょう》』は、親鸞が法然の十三回忌にささげたもので、多くの経典を引用しながら専修念仏の正しさを示しています。

『**歎異鈔**《たんにしょう》』は、**親鸞の弟子・唯円があらわしたもの**です。親鸞の教えに異議を唱える者がいることを嘆き、親鸞の教えを十か条集めることで、正しく批判しています。「救われがたい悪人こそ、阿弥陀仏は救おうとなさる」という「悪人正機説」が有名です。

『**正法眼蔵**《しょうぼうげんぞう》』は、曹洞宗の開祖・道元があらわしたもので、日本最高の思想書といわれています。道元自身が体感した仏教を率直に記したもので、全体として、「仏とはなにか」「どうしたら仏に会えるか」などが中心テーマとなっています。

『**立正安国論**』は、日蓮宗の開祖・日蓮があらわしたものです。天災地変があいつぎ、人々の不安が高まるなか、国家と国民は『法華経』を信仰しなければ安国（国家の平穏）は訪れないということを訴えた内容で、鎌倉幕府の執権・北条時頼に献上されました。

以上が、およそ現代に残る主なお経になります。

第2章

仏教の教えとは何か？

【煩悩の火を消し、涅槃というゴールをめざす】

諸行無常と諸法無我

NO.1

「我」を否定する

ここからは仏教の教えを見てみましょう。

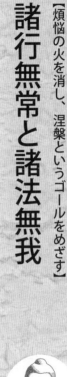

ブッダが出家して修行の道を志したきっかけは、**「生老病死」の苦しみ**でした。生老病死の苦しみは、人間として生まれたからには誰もさけることはできません。

では、なぜ人間は生老病死の苦しみを持つのでしょうか？　たとえば、私たちは「死」という現実にとらわれがちですが、「死」そのものには実体がありません。あらゆるものは、同じ状態にとどまることなく、常に移り変わります。「死」というのは、その移り変わりのなかであらわれる現象としてあるだけで、実体としてはなにもありません。

実体がなにもないことを、**「無我」**といいます。**「この世のあらゆるものには『我』（実体や本質といったもの）はない」**という考え方で、これは仏教の中心的なテーマとなっています。

仏教では、この「我」を否定します。修行や瞑想によって「我」を否定し、一切の執着から解き放たれ、悟りの訪れ＝「涅槃」をめざします。これが仏教の基本的なストーリーとなります。

以上のストーリーは、**「三法印《さんぽういん》（四法印）」**といって、仏教の基本的な教えとなっています。**「諸行無常」「諸法無我」「涅槃寂静《ねはんじゃくじょう》」**の3つで「三法印」です。これに、「この世のなかのことはすべて苦しみである」とする**「一切皆苦《いっさいかいく》」**を加えて「四法印」ということもあります。

それでは、「三法印」の3つの教えを少し詳しく見ていきましょう。

諸行無常

まず「諸行無常」です。

「諸行無常」とは、ブッダが亡くなる直前に語った言葉で、真理の1つです。**「物事はすべて移り変わり、永遠に変わらないものなどない」**ということです。『平家物語』の冒頭「祇園精舎の鐘の声　諸行無常の響きあり」で知られる世界です。

いまは愛し合っている恋人との関係も、明日はどうなるかわかりません。仲良く暮らしている家族も、いつかは両親が亡くなり、子供は親元を離れていきます。自分の仕事がいつまでも順調にいくとはかぎりません。そして自分の健康や命も、いつまでつづくかわかりません。

問題なのは、私たちはいまの安定した状態が永久につづくものだと考えていることでしょう。つまり、いまの安定した状態に執着し、変化を受け入れられない。だからこそ苦しみが生じるのです。

ですから、「永遠に変わらないものなどない」という「諸行無常」の真理を知ることが大切になります。それによって、苦しみからの解放がもたらされるのです。

物事は悪いほうに変わるとはかぎりません。良いほうに変わることもあります。不幸な状況が永遠につづくわけではありません。「諸行無常」の真理は、1つひとつの現象に一喜一憂せずに生きることの大切さも教えてくれます。

諸法無我

2つ目は、「諸法無我」です。

これは、**「この世のあらゆる存在には『我』（実体や本質といったもの）はなく、お互いに依存しあう関係のなかで成り立っている」**という考えです。単独で存在するものなどなにもないのです。

たとえば、「自分」という存在も、単独で存在しえません。他者との関係性のなかではじめて「自分」という存在が認められるのです。他者との関係性がなければ、「これが自分」という確かな実体を見出すことはできません。

しかし人間は、他者との関係性を考えず、「これが自分」という思い込みを持ちます。自分は優秀だと思っていたのに、人から否定されて悲しくなります。また、この世に自分のものなどないはずなのに、「これは自分のもの」と思い込みます。長年連れ添う妻を「自分のもの」と思っているので、突然離婚を切り出されたら憤慨します。**「これが自分」「これは自分のもの」と思い込み、そこに執着するから苦しみが生まれるのです**。ですから、「これが自分」「これは自分のもの」という「我」に対する執着をなくすことで苦しみからの解放をめざします。「我」に対する執着をなくした状態が「無我」です。

この「諸法無我」の教えは、のちに大乗仏教の「空」の思想につながりました（P94参照）。

涅槃寂静

3つ目が、「涅槃寂静」です。

物事はすべて移り変わるという「諸行無常」、そして、この世のあらゆる存在には「我」がないという「諸法無我」の真理を理解します。

それによって、苦に満ちた世界（一切皆苦）をのりこえます。**欲望や執着などの煩**

涅槃を目指す仏教のおしえ

「物事の実体や本質」への執着をなくすことが必要

諸行無常	諸法無我
永遠に変わらないものなどない	自分という実体は存在しない

⇓

「涅槃寂静」悟りの境地に至ることをめざす

悩がなく、安らかな境地をめざします。

これが「涅槃寂静」の考え方です。

「涅槃」とは、サンスクリット語の「ニルヴァーナ」の音を訳した言葉で、「火を吹き消した状態」を意味します。つまり、人間を苦しめる煩悩の火を吹き消し、悟りの境地にいたることをめざします。「寂静」は、安らかで静かな状態です。

しかし、以上のことを頭で理解していても、かんたんに煩悩を消すことなどできません。そこで、どうやったら「涅槃寂静」の世界にいたれるのか？　その方法を説いたものが「八正道」になります（P83参照）。

縁起説

【「縁起」とは、原因と結果の理論】

NO.2

原因となる「因」と「縁」

仏教思想の根幹にあるのが、**「縁起《えんぎ》」**の原理です。「縁起がいい」などという言葉を使いますが、これもブッダが修行のなかで見出した、重要な真理です。

「縁起」とは、因果関係のことで、**「必ず物事には、原因と結果がある」という考え方**です。

たとえば、アサガオの花が咲いたとします。このとき花は、自分だけで勝手に咲いたのではありません。種があって、土から養分をもらい、水があって、太陽の光を浴びるという「原因」があってはじめて、花が咲くという「結果」に結びつきます。

　これを仏教の「縁起」の言葉で置き換えると、種が**「因《いん》」**で、それに働きかける土や水や光が**「縁《えん》」**、結果として咲いた花を**「果《か》」**といいます。

　このように、直接的な原因である「因」と、間接的な条件である「縁」があります。それによって生じる結果として「果」があると考えます。これが「縁起」です。**「因縁生起《いんねんしょうき》」**ともいって、「縁起」は「因縁生起」の略です。

　ひとりでに起きていると思われることも、じつはすべて何らかの「因縁」（原因）があります。反対にいうと、**この世の中で、それ自体が単独に存在しているものは1つもない**ということです。すべてのものは、お互いに依存しあいながら成り立っているのです。

　また、「因縁」（原因）が変われば存在のあり方や事象も変わるので、永久に存在するものなどありえないし、永遠不変の「我」（実体や本質といったもの）はないということになります。ここから「諸行無常」や「諸法無我」という考え方が生まれました（P71参照）。

十二の因縁がある

ブッダは、「縁起」の原理を「苦」にあてはめて考えました。

人生は苦しみです。でもこの苦しみは、はじめから絶対的にあるのではなく、**苦しみを引き起こした「因縁」（原因）が必ずあるはずです**。

その因縁を取り除くために、「道」（修行）を究めます。すると苦しみから解放されます（＝悟りが開ける）。このことを一般的にわかりやすく説いたのが、「四諦八正道《したいはっしょうどう》」です（P82参照）。

それでは、苦しみの原因は何でしょうか？　苦しみはどうやって起きているのでしょうか？

ブッダはこれを突き詰めて、**「十二縁起」**という形にあらわしました。「十二縁起」とは、12の「因縁」が生じるプロセスを順番で見せたものです。

「十二縁起」は、次の**無明・行・識・名色《みょうしき》・六処《ろくしょ》・触・受・愛・取・有・生・老死**になります。

①**無明**／ものがどのように存在しているのか、本当の姿を知らないことです。無知の状態です。

②**行**／間違った認識（無明）によって生じる身体の行為、言葉の行為、心の行為のことです。人間は、無知だから間違った行為をします。

③**識**／間違った認識（無明）によって生じる行為が意識に植えつけられます。間違った行為は間違った認識を生むのです。

④**名色**／植えつけられた意識によって、自らの肉体、行為、そして世界ができあがります。

⑤**六処**／肉体ができあがるとき、5つの感覚器官（眼・耳・鼻・舌・身）と心（意）が生じます。

⑥**触**／感覚器官によって外界と接触し、認識します。

⑦**受**／外界との接触によって、感受作用が起きます。「苦をもたらす」「楽をもたらす」「どちらでもない」のいずれかを感じます。

⑧**愛**／「楽をもたらす」と認識したものを求めます。性欲・食欲・物欲・名誉欲などの欲望が生まれます。

⑨**取**／欲望の対象に執着します。執着にとらわれた行為をします。
⑩**有**／執着によって次にどう生まれ変わるかが決まります。
⑪**生**／輪廻の「六道」（P88参照）のいずれかに生まれます。
⑫**老死**／生まれた瞬間、老いと死の苦しみがはじまります。

順観と逆観でわかること

「十二縁起」は、①無明から⑫老死まで、それぞれ単独に成り立っているのではなく、互いに関連しあいながら成り立っていると考えます。

「十二縁起」がよくできているのは、**①無明から順番（順観）で追っていくと、原因から結果へ、苦しみが生じるプロセスになっている**ことです。苦しみがどうやって起きるのかがわかります。

一方、**⑫老死から逆順（逆観）で追うと、苦しみがなくなる（滅）ときのプロセス**になります。
⑫老死という苦しみは、⑪生まれることから生じていて、どう生まれるかは、⑩執

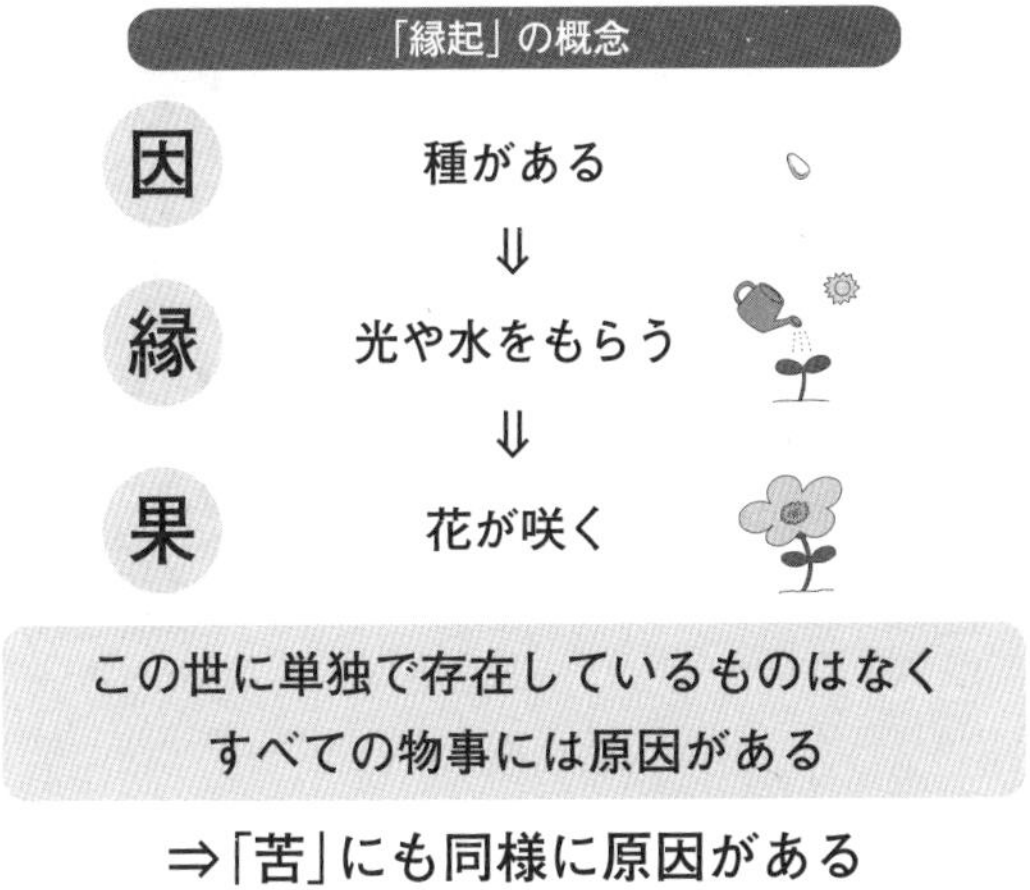
「縁起」の概念
因
種がある
⇓
縁
光や水をもらう
⇓
果
花が咲く
この世に単独で存在しているものはなく
すべての物事には原因がある
⇒「苦」にも同様に原因がある

着によって決まります。⑨その執着にとらわれた行為は、⑧欲望から生じ、その欲望は⑦外界との接触がもたらすものです。

　こうして逆観でたどっていくと、①無明が苦しみの根本の原因だとわかります。ものごとの本当のことを知らないことが苦しみの原因なのです。

　人間は、この逆観によって老死をのりこえていくべきなのでしょう。経典では、老死のことを「老死愁悲苦憂悩」といいます。老死による「愁悲苦憂悩」という心の苦悩をのりこえることが、大きな課題になるのです。

【修行によって煩悩を消滅させ、ブッダになる】

四諦八正道

NO.3

生きているうちに仏になる？

浄土信仰の強い日本では、仏教の教えを「死後、浄土（天国）での再生を願うもの」と考えることが多いです。

しかし、ブッダは、「人間が死後に浄土で再生する」などということは一言もいっていませんし、浄土という考え方も示していません。そもそも人間の死後のことには関心がありませんでした。

ブッダは、死に際に、「死後（死者）のことにこだわるな」と言っています。

では、ブッダのもともとの教えは何だったのでしょうか？

それは、「ブッダ（＝仏）になるための教え」といえるでしょう。悟りを開けば、だれでもブッダになれるわけです。

日本では、「死んで仏様になる」と考えられています。死んだら、だれでも仏様になることができます。しかし、これはもともとの教えとはズレています。**本来は、「生きているうちに、仏になるための教え」だったのです。**

仏教の核心は四諦にあり！

では、どうやったら、生きているうちに仏になることができるのでしょうか？

このことを説いたのが、**「四諦八正道《したいはっしょうどう》」**で、ブッダの教えの核心にあたります。

ブッダが5人の修行僧に最初に説いた教え（初転法輪《しょてんぽうりん》、P19参照）こそが「四諦八正道」でした。

「四諦八正道」のうち、**「四諦」**では、苦《く》→集《じゅう》→滅《めつ》→道《どう》という流れで、4つの真理を説いています。

「苦」とは、人生は苦しみであるということです。その苦しみには、「生きること」「老いること」「病気になること」「死ぬこと」の４つ（四苦）があります。さらに、「愛する者との別れ」「憎む者と会うこと」「求めるものが手に入らないこと」「感情にとらわれること」の４つを加えて、**「四苦八苦」**となります。

これらの苦しみは、「欲望が満たされることを求めてやまない心」である「煩悩」によって集められます。これを教えてくれるのが**「集」**です。

苦しみの原因が煩悩であるということは、「煩悩を消滅させることで、苦しみから解放され、悟りが開けるのではないか」。こう考えるのが**「滅」**です。

では、どうやって煩悩を消滅させるのでしょうか？　それには、**正しい生活＝修行**を行います。これが**「道」**です。

ブッダは、「道」として８つの正しい方法を説きました。これが**「八正道」**です。つまり、「四諦」の１つとして「八正道」があるという構成になっています。

「八正道」は、次のようになります。

ブッダになるために必要な修行

八正道　「苦＝煩悩」を滅するための8つの修行

人間としての正しい生活にこそ意味がある

①**正見**／この世を正しい目をもって見ます。
②**正思**／物事の道理を正しくわきまえます。
③**正語**／悪口や嘘をいいません。
④**正業**／殺生や盗みをしないで、正しく行動します。
⑤**正命**／間違った生活を改め、正しい生活を営みます。
⑥**正精進**／悟りに向けて、正しい努力をします。
⑦**正念**／邪念を消して正しい道をめざします。
⑧**正定**／正しい瞑想によって、心を安定させます。

以上の「八正道」では、欲望へのこだわりを捨て、苦しみが消えるように、簡素で私心のない生活を送るように説かれています。「八正道」は、あらゆる仏教の修行の基本理念となっています。

また、八正道の中心には**「中道」**という思想があります。

ブッダは、激しい苦行のすえに、「悟りは極端な苦行によっても極端な快楽によっても得られない。ただ中道によってこそ得られる」という考えにいたりました。両極端に偏らないバランスのとれた生き方こそが悟りへの道だと考えました。

「中道」の真意は、苦行と快楽の真ん中という意味ではありません。**苦行か快楽か、という二元対立的なものの見方をはなれ、両極端に流されず、事物をあるがままに見ることを**教えています。

ライフスタイルを提案した

「四諦」のなかで重要なことは、「道」が最後にきていることでしょう。

先にふれたように、仏教の教えのポイントが、「生きているうちに、どうやったら仏になるか」にあるとすると、煩悩を消滅させ、苦しみを消し、悟りを開いた（＝仏であることに気づいた）という感覚が得られれば、それで目的達成といえます。

ところが、いちどその感覚を得ても、修行をやめて、物欲にまみれた堕落した生活に戻ったら、その感覚を失ってしまう恐れがあります。

これでは意味がありません。大事なのは「道」です。つねに修行をすることです。言い換えると、悟りを開くこと、ブッダになることよりも、**悟りに向けてつねに正しい生活を送ること、正しい生き方をすることのほうが、はるかに意味がある**ということです。

ここにブッダの教えの本質があります。正しい生き方をすることにこそ、人間としての意味があるということです。それは、煩悩を排した聖人になるためでもなく、死後に天国に行くためでもないのです。

人間としての生き方、人間としてあるべきライフスタイルを提案した宗教、これこそが仏教といえます。

【天道に生まれ変わるのではなく解脱をめざす】

輪廻転生

NO.4

輪廻転生先は6つある

仏教が描く死生観は、古代インド社会に浸透していた**バラモン教**の影響をうけています。

バラモン教では、人間の本質は霊魂であるため、**死んでも何度も何度も生まれ変わるという、「輪《りん》廻《ね》転《てん》生《せい》」**の考えが基本になっていました。

生まれ変わるといっても、人間に生まれ変わるとはかぎりません。生きているときの行為（カルマ・業）から判断され、動物や植物に生まれ変わることもあります。

この輪廻のサイクルから抜け出す方法は、この世で善く生きることです。それによって輪廻から出ることができる、つまり**「解脱《げだつ》」**できると考えます。

仏教は、このバラモン教の「輪廻転生」の思想を基盤としました。そのとき、輪廻転生先として6つのランクを用意し、**「六道輪廻」**という教えが生まれました。

その「六道」を上位ランクから見てみましょう。

最も苦が少ないのが**「天道」**です。ただ、天道にも死の苦しみはあります。次に、ふつうの人間が住む世界で苦に満ちているのが**「人間道」**です。苦に満ちているとはいえ、仏の教えを受けることができる唯一の世界です。怒りや疑いに満ち、喧嘩や戦争が絶えない世界が**「修羅《しゅら》道」**です。人間以外の生物になり、人間から責め苦を受ける世界が**「畜生《ちくしょう》道」**です。常に飢えや渇きに苦しむのが**「餓鬼《がき》道」**です。そして、悪行を重ねた者が苦痛を与えられる世界が**「地獄道」**です。

このように6つのランクがあります。いま私たちは「人間道」にいますが、死後生まれ変わるとき、もっともランクの高い天道に行けるかもしれないし、動物になって虐げられるかもしれないし、あるいは地獄道に落ちるかもしれないのです。とにかく、この「六道」のなかをぐるぐる回りつづけないといけません。

ちなみに、輪廻するのは、**生きているものすべて（一切衆生《いっさいしゅじゅう》）**です。ですから、仏教は、人間のみならず、動物や植物を含めたすべてを視野に入れているという点で、かなり特異な宗教といえます。

冥土の旅で来世が判定される

死後どのように「六道」にいたるのか？　仏教ではこの様子も描かれています。現世が終わったあと、すぐに来世があるわけではありません。現世と来世のあいだには、死後の世界＝冥土《めいど》があります。

死者は、冥土において49日間旅をします。この旅のあいだ、7日間ごとに7回、7人の裁判官によって裁判にかけられます。そのあいだには三途《さんず》の川があり、第五法廷においては、お馴染みの閻魔大王が登場します。

第七法廷において、すべて評価が統合され、六道のいずれかに進むことが決まります。遺族が法事を営む四十九日に死者の行き先が下される、というわけです。

死者は何もわからないまま冥土を進むといいます。転生してはじめて、どの道にふりわけられたかがわかるのです。

ちなみに、冥土の旅にはなにかとお金がかかるといわれています。棺桶のなかにお金をそえる「六道銭《ろくどうせん》」という習慣はここからきています。

輪廻から解放されよ！

私たちは「六道」の最高ランク「天道」に生まれ変われればいいのでしょうか？　実はそうともいえません。「天道」も「六道」のうちの1つでしかなく、輪廻の枠内にいます。「天道」も死の苦しみがあって、また生まれ変わらなければいけません。

では、どうすればいいかというと、「輪廻する世界」から抜け出て、「輪廻しない世界」に行くしかありません。

「輪廻する世界」と「輪廻しない世界」は、「此岸《しがん》」と「彼岸」、「煩悩の世界」と「涅槃の世界」と対比することができます。「輪廻しない世界」は「浄土」という言い方もされます。

輪廻から解放されて二度と生まれ変わることのない、**「輪廻しない世界」に行くこ**

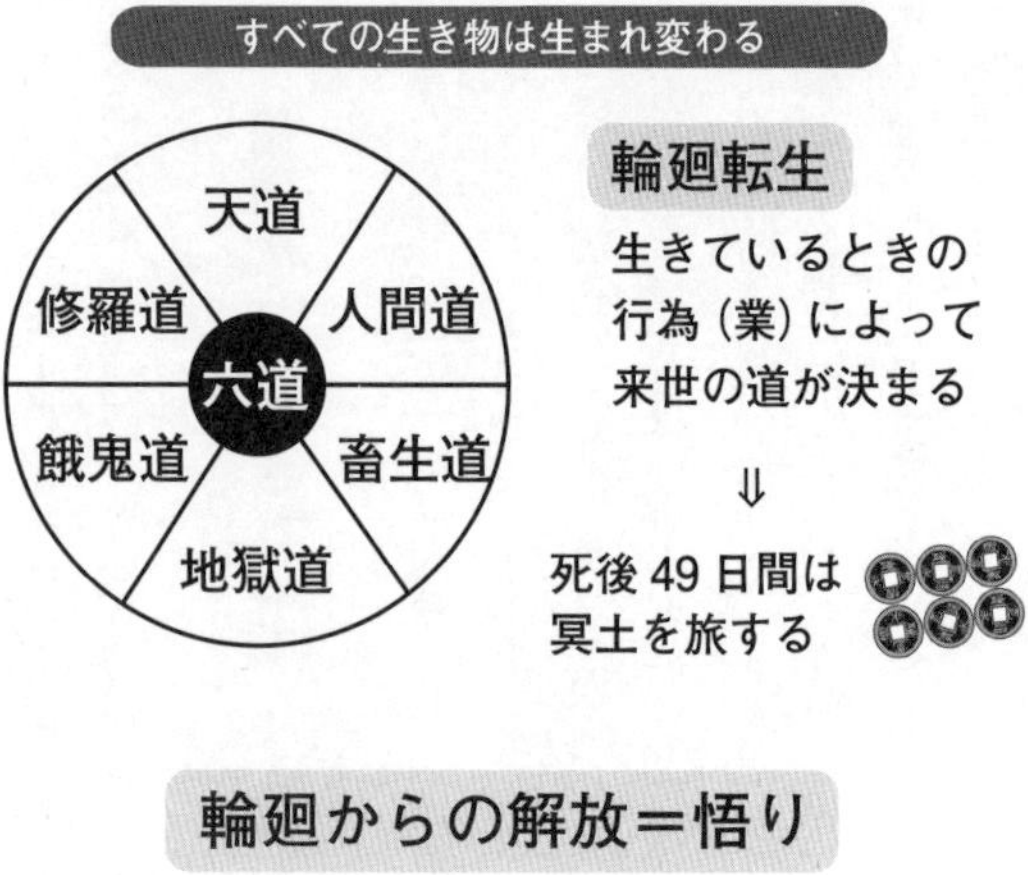
すべての生き物は生まれ変わる
天道
人間道
畜生道
地獄道
餓鬼道
修羅道
六道
輪廻転生
生きているときの
行為（業）によって
来世の道が決まる
⇓
死後49日間は
冥土を旅する
輪廻からの解放＝悟り

とが、「解脱」です。仏教では「悟りの訪れ」ということになります。

つまり、仏になる（＝悟りを開く）ことでしか、輪廻から解放される道はありません。言いかえると、「四諦」の「道」を行うこと、「八正道」を行うことでしか輪廻から解放される方法はないのです（P82参照）。

ブッダの教えではない⁉

このような「輪廻転生」という死生観は日本人にもなじみ深いもので、仏教思想として定着しています。

しかし前にもふれましたが、**ブッダ自**

身は死後の世界について肯定も否定もしていません。ブッダとしては、死後のことは確かめようがないのだから、「考えてもしかたない」というスタンスでした。

わからない死後について考えるよりも、今の生のなかで悟りを開くように邁進することが、もっとも重要なことでした。

「輪廻転生」の思想が仏教に取り入れられたのは、ブッダの入滅後とされています。なので、厳密にはブッダの教えとはいえないのです。

【すべてのものには実体がない】

「空」の概念

NO.5

「空」とは「実体がない」こと

大乗仏教のなかでも基本的な概念となる**「空《くう》」**について見てみましょう。

「空」とは何かというと、簡単にいえば「実体がない」ということです。

「縁起」の教えで見たように（P76参照）、この世の中にはそれ自体が単独に存在しているものは1つもありません。**すべてのものは、お互いに依存しあいながら成り立っていて、生成と消滅をくりかえしています**。ですから、あらゆるものには「実体がない」と考えられ、このことを「空」と認識します。

この「空」の概念の基盤づくりに貢献したのが**龍樹《りゅうじゅ》（ナーガルジュナ）**です。龍樹は、紀元後１５０年頃に南インドに生まれた仏教哲学者で、はじめは部派仏教を学びましたが、それから大乗仏教に移り、『中論』などを書いて、「空」の概念を打ちたてました。

「空」の概念が生まれた背景には、仏教界の誤った議論がありました。

ブッダ入滅からしばらくした部派仏教の時代、最大勢力の１つであった説一切有部《せついっさいうぶ》などから、「真理は実在する」という考えが生まれました。なにかしら固定的な形のあるものにとらわれるようになったのです。これを「実有論《じつうろん》」といいます。

しかし、「諸法無我」の教えにあるように、あらゆるものには「実体がない」というのが、仏教の基本の教えです。そこで龍樹は、「諸法無我」の教えをより徹底して、**「ない」ことを強調**しました。それが「空」の概念となったのです。

二元論にとらわれない

「空」の概念は、大乗仏教の重要な経典である**「大般若経」**で説かれています。「大般若経」は、600巻のボリュームがあるので読むのが大変ですが、「大般若経」を262字に要約した『般若心経』なら、気軽に「空」の教えにふれられます。『般若心経』には、「空」の核心をついた有名なフレーズがいくつもあります。

たとえば、**「諸法空相《しょほうくうそう》」**は、「事物すべては空であることを特性としている」と、「空」の基本的な概念を説いています。

その「空」の説明として、**「不生不滅《ふしょうふめつ》、不垢不浄《ふくふじょう》、不増不減《ふぞうふげん》」**があります。「あらゆるものは、生じることもなければ、なくなることもない。汚いとかきれいということもない。そして、増えもしなければ、減りもしない」ということです。つまり、「右か、左か」といった二元論へのこだわりから離れることが、「空」であるということです。

そして、**「色即是空《しきそくぜくう》、空即是色《くうそくぜしき》」**とあります。「色《しき》」とは形のある存在のことです。つまり、「形のある存在（＝色）も互いに依存しあいながら仮になりたっているのだから空であり、空である存在は見方を変えればすべて形ある存在（＝色）である」ということになります。

外部世界は影にすぎない

龍樹が打ち立てた「空」の概念は、その後さらに発展し、世親《せしん》（ヴァスバンドゥ）らによる**「唯識《ゆいしき》思想」**が生まれました。龍樹らを「中観派《ちゅうがんは》」というのに対し、世親らを「唯識学派」といいます。

当初の「空」の思想は、「色即是空」からわかるように、「形のある存在（＝色）も互いに依存しあいながら仮になりたっている」として、形のある存在を仮にも認めていました。ところが、形のある存在を否定し、「ない」ことをより徹底する方向に進みます。

外部世界にあると思われるような存在は、実は心が描き出した影にすぎず、存在するものはまったくない。存在するのは、ただ心（意識）だけです。唯識派は、心（意識）が根源的な唯一の存在であるとしました。

仏教では、6つの器官で世界を捉えると考えます。6つの器官とは、眼（視覚）・耳（聴覚）・鼻（嗅覚）・舌（味覚）・身（触覚）・意（意識）のことで、これを「六識《ろくしき》（六根《ろっこん》）」といいます。

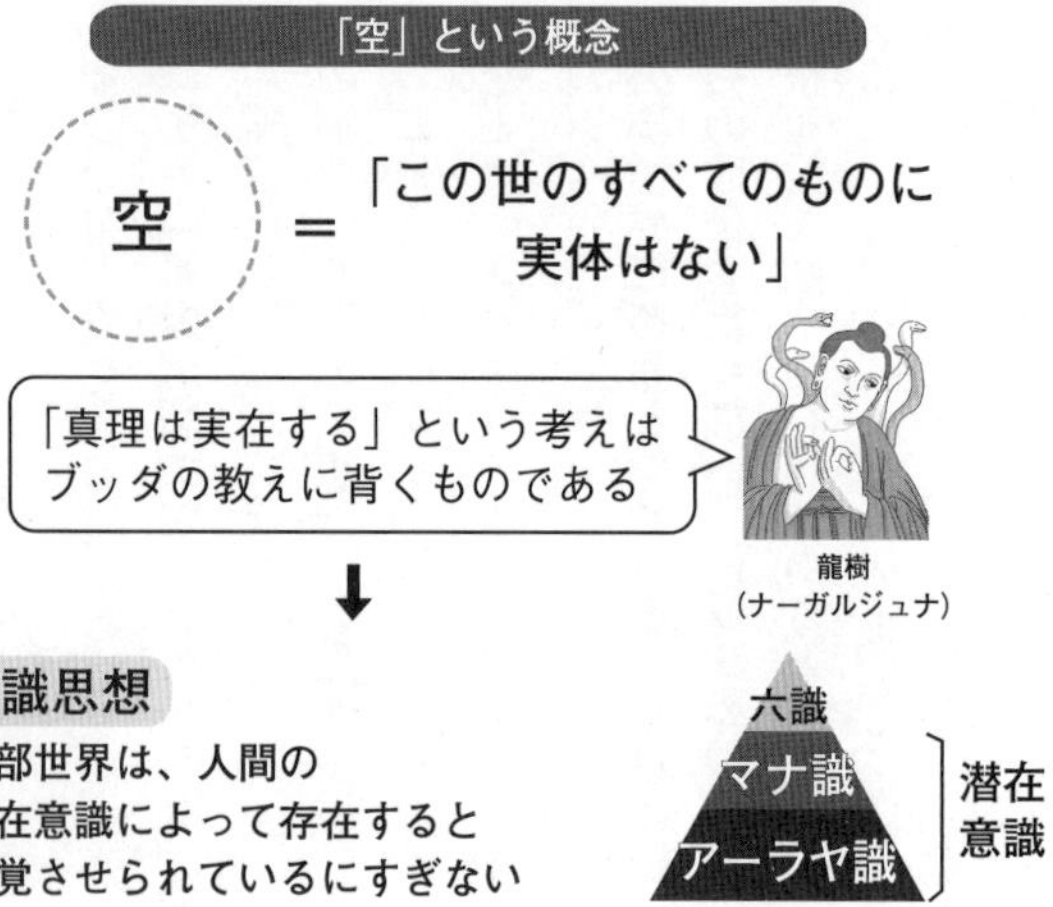
「空」という概念
空
＝
「この世のすべてのものに
実体はない」
「真理は実在する」という考えは
ブッダの教えに背くものである
龍樹
（ナーガルジュナ）
唯識思想
外部世界は、人間の
潜在意識によって存在すると
錯覚させられているにすぎない
六識
マナ識
アーラヤ識
潜在
意識

私たちは、この六識によって外部世界を捉えているわけですが、実はそれは錯覚にすぎません。

唯識派では、人間のもっとも根源的な潜在意識として**「アーラヤ識（阿頼耶識）」**を想定しました。このアーラヤ識によって外部世界が存在するように錯覚させられているのです。「アーラヤ識」には、これまで経験してきたことを含めてすべてのことが貯蔵されていて、それらが表層世界にあらわれて、まるで外部世界があるように思わされているということです。

人間の潜在意識にはもう1つあります。それが**「マナ識（末那識）」**です。マナ識はすべて自分に結びつけて解釈する自我執着の心です。結局、アーラヤ識に貯蔵されたものを、マナ識によってすべて自分に結びつけて、自分にとって都合のいいように価値づけてしまうから、外部世界があるような実体験が生じるということです。

ちなみに、世界を認識する6つの器官を「六識」というのに対し、マナ識は「七識」、アーラヤ識を「八識」といいます。

すべてのものは、唯一の存在である心（識）が描き出しているにすぎません。ですから、**心が生み出す世界にとらわれず、すべてのものが心のあらわれだと悟れば、迷いが消えます**。

そう考えた唯識学派では、ヨーガ（精神統一をはかる修行法）の実践を通して、唯一の存在である心をよく観察しました。

【六波羅蜜は彼岸にわたるための実践法】

如来蔵思想と六波羅蜜

NO.6

仏になる可能性を示す如来蔵思想

大乗仏教の「如来蔵思想」と「六《ろく》波《は》羅《ら》蜜《みつ》」を見てみましょう。

まず「如来蔵思想」ですが、「如来」とは「仏」のことです。「すべての人の胎内には如来の胎児が宿っていて、それと同時に、だれもが如来の胎内に宿っている」と考えるのが如来蔵思想です。つまり、**だれもが仏になれる可能性を持っている**ということです。

だれもが仏になれる可能性を持っているという教えは、もともとのブッダの教えでもありました。ブッダは悟りを開いたあと、苦行時代をともにした5人の修行僧のほか、すべての弟子たちを自分と同じ悟りに導こうとしました。つまり、だれもが仏になれると考えたわけです。この教えは、**「自性清浄心《じしょうしょうじょうしん》」**とも呼ばれています。もともと私たちの心は煩悩にけがされず、「清浄」(悟り)にあるという意味です。

この教えは、ブッダ入滅からしばらく、原始仏教の時代までは受け継がれていました。しかし、ブッダ入滅後100年がたち、上座部と大衆部の分裂が起きて部派仏教の時代になると、状況が変わりました。ブッダの神格化がはじまり、弟子たちはブッダと同じ悟りは開けないと考えはじめたのです。弟子たちは、仏ではなく1つ下の**「阿羅漢《あらかん》」**と呼ばれる聖者になることをめざしました。

このとき問題だったのは、出家して修行をしなければ阿羅漢になれないことです。もともとは、だれもが仏になれる可能性があるという教えだったのに、**出家して修行をする一部の人しか救われないことになった**のです。阿羅漢をめざす人たちは、自分1人の利益しか考えないので、これは「自利の仏教」ということができます。

これに対し、だれもが仏になれる可能性があるという教えを訴えたのが大乗仏教でした。大乗仏教は、だれもが仏になれる可能性があると説きます。人々を広く救うことをめざしたので、「利他の仏教」ということができます。

大乗仏教のなかで、だれもが仏になれるという教えを反映したのが、「菩薩思想」でした。**「菩薩」とは、仏となって人々を救済しようと誓いを立てた者のこと**です。菩薩は、すべての人が救われないかぎり自分も救われないという誓いをたて、修行をします。やがて人々はこの菩薩を拝むようになりました。観音菩薩のように、菩薩は信仰の対象となったのです。

この菩薩思想をさらに発展させたものが「如来蔵思想」ということになります。一部の修行僧だけでなく、だれもが如来（仏）になる可能性を持っていることを示したのです。

如来蔵思想の「だれもが如来（仏）になる可能性を持っている」という教えは、のちに**「仏性《ぶっしょう》」**と言い換えられます。中国や日本では、この「仏性思想」が広まりました。

『涅槃経』には、「一切衆生悉有仏性《いっさいしゅじょうしつうぶっしょう》」とあります。「すべての衆生は、ことごとく仏性を持っている」という意味です。仏性を持つのは、人間だけでなく、植物や鉱物などども含まれるということです。あらゆる存在が仏になる可能性を持つということをいっています。

布施を強調する六波羅蜜

次に「六波羅蜜」ですが、これは大乗仏教の修行方法を説いたものです。「四諦八正道」（P82参照）で見たように、四苦八苦を滅する方法が「八正道」です。しかし、「八正道」というのは、いわば出家して修行をする者のための実践法で、一般の人ができるものではありません。

そこで大乗仏教では、**ふつうに暮らす人たちでも実践できるものとして「六波羅蜜」を説きました**。六波羅蜜は、大乗仏教の誕生とともに生まれた実践法です。他人を救済する「布施」が強調されていることが特徴です。

六波羅蜜は、次のようになります。

①**布施**／人に施しをします。金銭や品物だけでなく、精神的な安定、仏教の教えを説くことも布施になります。

如来蔵思想と六波羅蜜

如来蔵思想

すべての存在は仏になる可能性を持っている

↓

六波羅蜜

出家しない人のための涅槃を目指す修行法

布施　持戒　忍辱　精進　禅定　般若

②**持戒**／「生命を殺さない」「盗みをしない」「嘘をつかない」など、戒律を守ります。

③**忍辱**《にんにく》／苦難に耐え、他人を憎まないようにします。

④**精進**／何事にも努力します。

⑤**禅定**《ぜんじょう》／瞑想によって精神を安らかにします。

⑥**般若**《はんにゃ》／悟りにいたる完全なる智慧を身につけます。

以上、六波羅蜜でめざすものはなにかというと、「彼岸」にわたることです。

私たちのいるこちら岸は四苦八苦の世界で「此岸《しがん》」と、向こう岸は四苦八苦を滅した世界で「彼岸《ひがん》」といいます。

ガンジス川流域で布教活動をしたブッダの言葉には、川のたとえ話が多いです。ブッダが布教活動をしていたとき、増水した川を前にあわてる人々に対し、「悟りの境地は、大河の彼岸のようなものである」と説きました。このため、涅槃の世界にいたることを「彼岸にわたる」と考えるようになったとされます。

「彼岸にわたる」ことは、サンスクリット語で「パーラミター」といいます。これを音から訳したものが「波羅蜜多」です。

では、彼岸にわたるにはどうしたらよいか？

六波羅蜜の①〜⑤を実践し、⑥の「般若」（完全なる智慧）を得ることで、彼岸にわたることができます。これが六波羅蜜のめざす姿になります。

【大乗仏教が、美しい天国と恐ろしい地獄を描いた】

地獄と極楽

NO.7

巨大な山を中心に描かれた仏教世界

仏教では、この世界をどのように描いているのでしょうか？

まず、なにもない虚空に、巨大な空気の筒のような「風輪《ふうりん》」が浮かんでいます。その上に「水輪《すいりん》」があり、さらにその上に「金輪《きんりん》」がのっています。「金輪」の上に海があります。そして海の真ん中に**「須弥山《しゅみせん》」**と呼ばれる高い山がそびえ立ちます。須弥山の標高は、「8万由旬《ゆじゅん》」とされていて、これを換算すると、56万キロメートルとも80万キロメートルともいわれます。果てしなく巨大な山です。

風輪から須弥山までをワンセットにして「小世界」と呼びます。この小世界が10億個集まると**「大千世界《だいせんせかい》（三千大世界）」**です。この大千世界が、ひとりの仏が教化できる範囲ということです。

では、この世界のなかで、私たち人間はどこに住んでいるのでしょうか？　須弥山の周囲の海には、勝身洲《しょうしんしゅう》・贍部洲《せんぶしゅう》・牛貨洲《ごけしゅう》・倶盧洲《くるしゅう》という4つの大陸（四大洲）が浮かんでいます。このうちの贍部洲に人間が住んでいるといいます。

一番軽い地獄でも五体切断

六道（P88参照）の最下位にあたる「地獄」がどこにあるかもはっきりしています。贍部洲の地下1000由旬のところです。

この地獄については、大乗仏教が徹底的に詳しく描きましたので、見ておきましょう。

地獄には、生前に罪を犯した人たちに苦痛を与える執行人が住んでいます。いわば、鬼です。地獄は1つではなく、8つのランクにわかれています。**1つランクが堕ちる**

ごとに、鬼が与える苦痛は10倍ずつ増していきます。

①等活《とうかつ》地獄：殺生を犯した者が堕ちる。五体切断の刑を受ける。
②黒縄《こくじょう》地獄：殺生・盗みを犯した者が堕ちる。斧でさいの目に切り刻まれる。
③衆合《しゅごう》地獄：殺生・盗み・邪淫を犯した者が堕ちる。カミソリでできた木を登り下りする。
④叫喚《きょうかん》地獄：殺生・盗み・邪淫・飲酒を犯した者が堕ちる。灼熱の銅を口のなかに流し込まれる。
⑤大叫喚地獄：殺生・盗み・邪淫・飲酒・妄語を犯した者が堕ちる。熱鉄の針で舌を刺され、鉄バサミで舌を引き抜かれる。
⑥焦熱《しょうねつ》地獄：殺生・盗み・邪淫・飲酒・妄語・邪見を犯した者が堕ちる。頭から肛門まで串刺しにされ、火の海に落とされる。
⑦大焦熱地獄：殺生・盗み・邪淫・飲酒・妄語・邪見・尼僧を汚す罪を犯した者が堕ちる。火の海に何度も突き落とされる。
⑧阿鼻《あび》地獄：尼僧を汚す罪・母殺し・仏法の誹謗・重罪を犯した者が堕ちる。巨大な

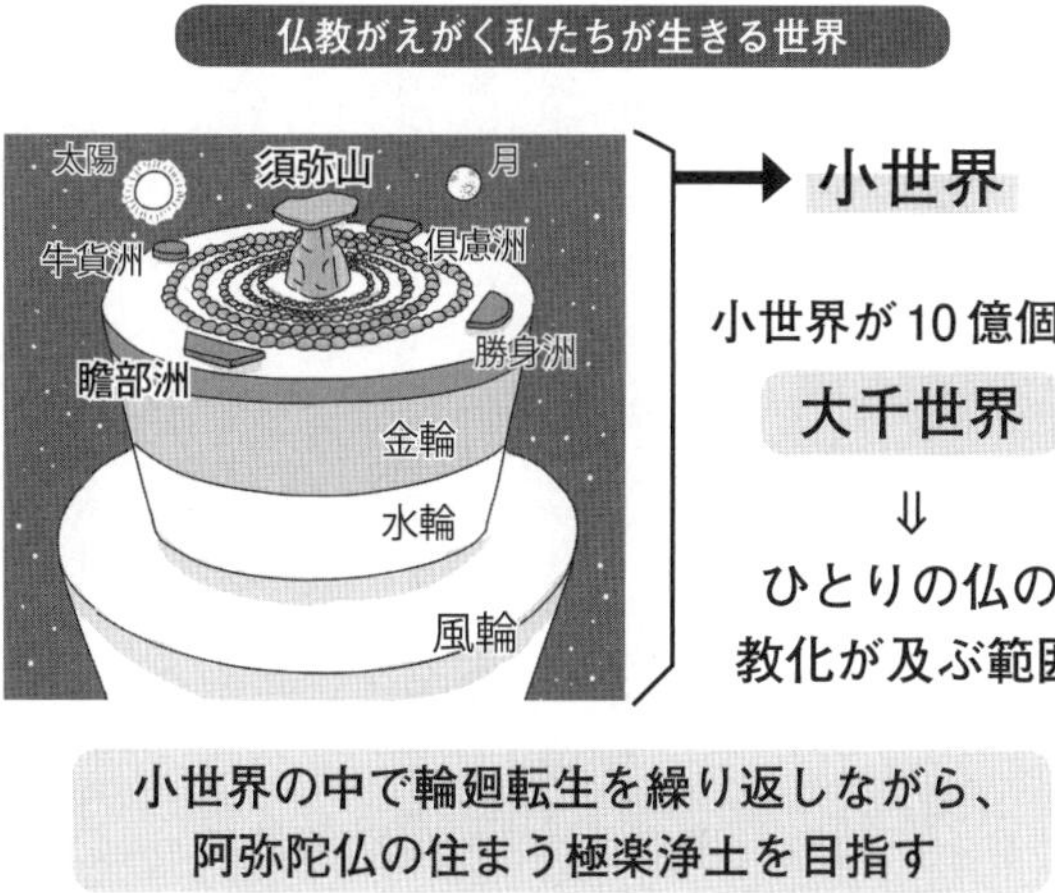

番犬や無数の虫や蛇に毒針を刺され、食いちぎられる。傷みと苦しみは永遠につづく。

このように、人間は生前に犯した罪の大きさに応じて、各地獄に堕とされ、なんどもなんども苦痛を受けつづけます。

ただ、いちど地獄に堕ちたら二度と抜け出せないキリスト教などの地獄よりは救いがあって、仏教の地獄はあくまでも輪廻する六道の1つなので、いつかは別の世界に転生できます。

一方、六道のなかの「天道」は、須弥山の上のほうにあります。注意したいのは、「天道」は輪廻のサイクルのなかの

1つなので、完全な悟りの世界ではありません。

完全な悟りの世界であり、仏教の理想郷ともいえるのが「浄土」です。この「浄土」も、大乗仏教で生まれた概念です。

大乗仏教ではいくつもの「仏」がいることになっていて、「仏」ごとに大千世界をもち、「仏」ごとに浄土があることになります。

浄土のなかでも有名なのは、阿弥陀仏が住む「極楽浄土」でしょう。

極楽浄土は、**「西方、十万億の仏土を過ぎて世界あり」**とされています。

「仏土」とは、ひとりの仏の教化が及ぶ大千世界のことです。「十万億の仏土を過ぎて」ということですから、想像できないほど果てしなく遠いところにあるようです。

極楽浄土は、金・銀・瑠璃などがちりばめられた美しい世界で、そこで人々は仏の説法を聴き、修行を完成させて、みずからも仏となることができます。

1万1500年でブッダの利益は消える

仏教の世界を空間的にとらえてきましたが、時間的にとらえるとどうなるでしょうか？

仏教には、世の中の終わりに向けた末法《まっぽう》思想があります。具体的には、ブッダ入滅後の世界を3段階でとらえる**「三時《さんじ》思想」**となっています。

入滅後500年間が**「正法《しょうぼう》の時代」**で、ブッダの教えが忠実に守られる時代です。その後の1000年が**「像法《ぞうぼう》の時代」**で、ブッダの教えが形だけになって、あいまいになる時代です。

つづく1万年が**「末法の時代」**で、ブッダの教えを守る人がいなくなる時代です。その後は、ブッダの利益《りやく》がなくなり、世界が終わるとされています。

ところが、ブッダの次に仏となる人があらわれ、また新たな世の中がやってくるといいます。

次に仏になる人は、弥勒菩薩とされていますが、弥勒菩薩が仏となってあらわれるのは、ブッダの死後56億7000万年後のことです。

第3章
お経と日本の仏教

【大乗仏教のエッセンスを凝縮した呪文!?】

『般若心経』

はんにゃしんぎょう

NO.1

完全なる智慧を説く

大乗仏教の膨大な量の古い経典をまとめたものが「般若経」です。正式には「般若《はんにゃ》波羅蜜多経《はらみったきょう》」といいます。

「般若波羅蜜多」とは、サンスクリット語で「プラジュニャー（完全なる智慧）＋パーラミター（完成）」であり、**「完全なる智慧の完成」**という意味です。大乗仏教では「六波羅蜜」（Ｐ１０３参照）を実践し、最後の「般若（完全なる智慧）」を得ることがめざされるので、その理想の実現のために説いたのが「般若経」ということになりま

「完全なる智慧の完成」をめざす

般若経＝完全なる智慧をめざす経典

大般若
（全600巻）

『小品般若』『大品般若』『仁王般若』『金剛般若』
『般若心経』『濡首般若』『文殊般若』
『勝天王般若』『大般若』『理趣般若』など

凝縮

『般若心経』

262文字にまとめられた「空」の教えを
唱えることで苦しみを取り除ける

玄奘

す。「般若経」にはいろいろなお経があり、そのうちの主要なものは「十木般若」と呼ばれています。

　これらを玄奘が漢訳したものが「大般若（大般若波羅蜜多経）」といい、全６００巻にのぼります。

「般若経」のエッセンスを凝縮したものが『般若心経』です。玄奘はこれをたった２６２文字に訳しました。

『般若心経』は、冒頭の25文字にその概略があります。つまり、「観自在菩薩（観世音菩薩）が座禅をして般若の境地に入っていたとき、この世の中のすべてのものは、ほんらいの実体がない『空』であると気づき、あらゆる苦しみから解放された」ということです。あとにつづくお経は、この冒頭の25文字の説明となっています。

唱えるだけで救われる

『般若心経』には、呪文のような性質があります。この経典は偉大な呪文なので、**この呪文を唱えれば、「あらゆる苦しみを取り除くことができる。これは紛れもない真実である」**と書いてあります。その呪文こそ、最後の部分で「ぎゃてい　ぎゃてい　はらぎゃてい　はらそうぎゃてい　ぼじそわか」であるとあります。この呪文の部分は、訳すことはできません。

『般若心経』は中国で爆発的な人気となり、日本でも多くの宗派で読まれるようになりました。

『般若《はんにゃ》波羅《はら》蜜多《みった》心経《しんぎょう》』

唐三蔵法師玄奘訳《とうさんぞうほうしげんじょうやく》

観自在菩薩《かんじざいぼさつ》。行深般若波羅《ぎょうじんはんにゃはら》蜜多時《みったじ》。照見五蘊皆空《しょうけんごうんかいくう》。度《ど》一切苦厄《いっさいくやく》。

舎利子《しゃりし》。色不異空《しきふいくう》。空不異《くうふい》色《しき》。

色即是空《しきそくぜくう》。空即是色《くうそくぜしき》。受想《じゅそう》

『般若波羅蜜多心経』
（智慧の完成に至る心髄の経）

唐の三蔵法師玄奘訳す

観自在菩薩（観世音菩薩と同じ）が座禅をして般若の境地に入っていたとき、この世のすべてのもの（五蘊《ごうん》＝色・受・想・行・識）は、ほんらいの実体がない空であると気づき、あらゆる苦しみから解放された。

舎利弗《しゃりほつ》（ブッダの十大弟子の1人）よ！　この世のなかで、形ある存在（色）は実体がなく空にほかならず、空は形ある存在（色）にほかならない。つまり、形のある存在（色）も互い行識《ぎょうしき》。
亦復如是《やくぶにょぜ》。

舎利子《しゃりし》。是諸法空相《ぜしょほうくうそう》。不《ふ》生不滅《しょうふめつ》。不垢不浄《ふくふじょう》。不増不減《ふぞうふげん》。

是故空中《ぜこくうちゅう》。無色無受想行《むしきむじゅそうぎょう》

に依存しあいながら仮になりたっているのだから空であり、空である存在は見方を変えればすべて形ある存在（色）なのである。また、感覚（受）・想念（想）・意志（行）・識（知識）という心のはたらきも同じように空である。

舎利弗よ！　このように、この世のすべてのものは、その本質において実体がなく空である。だから、すべてのものは生じることも滅びることもなく、汚れることも浄《きよ》らかになることもなく、増えることも減ることもない。

この世のすべてのものは空であるから、形ある存在（色）もなく、感覚（受）もなく、想念

識《しき》。無《む》眼《げん》耳《に》鼻《び》舌《ぜつ》身《しん》意《い》。無《む》色《しき》声《しょう》香《こう》味《み》触《そく》法《ほう》。無《む》眼《げん》界《かい》乃《ない》至《し》無《む》意《い》識《しき》界《かい》。

無《む》無《む》明《みょう》。亦《やく》無《む》無《む》明《みょう》尽《じん》。乃《ない》至《し》無《む》老《ろう》死《し》。亦《やく》無《む》老《ろう》死《し》尽《じん》。無《む》苦《く》集《しゅう》滅《めつ》道《どう》。無《む》智《ち》亦《やく》無《む》得《とく》。以《い》無《む》所《しょ》得《とく》故《こ》。

（想）もなく、意志（行）もなく、識（知識）もないのである。また、眼もなく、耳もなく、鼻もなく、舌もなく、身体もなく、心もないので、これらの対象である、形ある存在（色）もなく、音声（声）もなく、香り（香）もなく、味（味）もなく、感触（触）もなく、意識（法）もない。つまり、視覚の世界や意識の世界というものはないのである。

迷いのもととなる無知がなければ、その無知が尽きることもない。また、老いと死がなければ、老いと死が尽きることもない。苦集滅道という四諦もなければ、悟りへの智慧もない。そして、悟りによって得られるものもない。なにかを得るということがないからである。

菩提薩埵《ぼだいさった》。依《え》般若波羅蜜多《はんにゃはらみった》故《こ》。心《しん》無《む》罣礙《けいげ》。無《む》罣礙《けいげ》故《こ》。無《む》有《う》恐怖《くふ》。遠離《おんり》一切《いっさい》顛倒《てんとう》夢想《むそう》。究竟《くきょう》涅槃《ねはん》。三世《さんぜ》諸仏《しょぶつ》。依《え》般若波羅蜜多《はんにゃはらみった》故《こ》。得《とく》阿耨多羅《あのくたら》三藐三《さんみゃくさん》菩提《ぼだい》。故《こ》知《ち》般若波羅蜜多《はんにゃはらみった》。是《ぜ》大神《だいじん》

菩薩は、完全なる智慧によって、心をおおうものがなく、心をおおうものがないから、恐るるものがない。すべての誤った心から遠いところにあり、永遠の平和の境地に入っているのである。

過去・現在・未来のすべての仏たちも、完全なる智慧によって、完全なる悟りの境地を得ている。

それだから、人々はよく知っておくべきであ

咒《しゅ》。是大明咒《ぜだいみょうしゅ》。是無上咒《ぜむじょうしゅ》。是無等等咒《ぜむとうどうしゅ》。能除一切苦《のうじょいっさいく》。真実不虚《しんじつふこ》。

故説般若波羅蜜多咒《こせつはんにゃはらみったしゅ》。即説《そくせつ》咒曰《しゅわつ》。

羯諦《ぎゃてい》。羯諦《ぎゃてい》。波羅羯諦《はらぎゃてい》。
波羅僧羯諦《はらそうぎゃてい》。菩提薩婆訶《ぼじそわか》。

般若波羅蜜多心経《はんにゃはらみったしんぎょう》

る。完全なる智慧とは、偉大なる呪文であり、光輝ある呪文であり、最高の呪文であり、比類なき呪文であり、あらゆる苦しみを取り除くことができる。これは紛れもない真実である。

それでは、完全なる智慧にいたる呪文を教えよう。その呪文は次の通りである。

「ぎゃてい　ぎゃてい　はらぎゃてい
はらそうぎゃてい　ぼじそわか」

ここに完全なる智慧にいたるお経を終える。

【ブッダの入滅は方便だったことを説いた】

『法華経』

ほけきょう

NO.2

日本の仏教に欠かせないお経

『法華経』は、正式には『妙法蓮華経』といいます。サンスクリット語では、「サッダルマ・プンダリーカ・スートラ」といい、**「正しい白蓮の教え」**という意味になります。

蓮の花のなかでもとくに美しい白蓮が泥のなかから生じても、その泥に汚されずに美しい花を咲かせるように、すべての人の仏性（仏になる可能性）は、汚れの多いこの世にあっても失われない。すべての人に仏になる可能性があって、救われるということを説いたお経です。

『法華経』は、鳩摩羅什《くまらじゅう》が406年に漢訳したものが一般的に読まれています。日本には、仏教が公式に伝わった538年頃にもたらされたと考えられています。

仏教の普及に努めた聖徳太子は、『三経義疏』の1つとして『法華経』の注釈書をあらわしました（P46参照）。8世紀には、仏教が国教化するなかで、『法華経』が「護国三部経」の1つとなりました。そして9世紀、最澄がおこした天台宗でも『法華経』は主なお経となりました。

その後、鎌倉仏教では浄土信仰への強まりから「浄土三部経」が尊重されますが、そのなかでも日蓮は、『法華経』への信仰を唯一絶対とし、「南無妙法蓮華経」の題目を唱えれば、すぐに仏となれると説きました。

大乗ですべての人が救われる

『法華経』は全部で28章からなります。主な内容を見てみましょう。

第1章（序品《じょほん》）は、導入部分です。ブッダが悟りを開いてから、マガダ国の首都・

王舎城の耆闍崛山《ぎしゃくつせん》（霊鷲山《りょうじゅせん》、グリドラクータ）で10万人におよぶ大衆を前に『妙法蓮華経』のお経を説いたというシーンが描かれます。これはブッダ入滅の5年ほど前のことといわれています。

第2章（方便品）では、ブッダと弟子（舎利弗《しゃりほつ》）との対話です。ブッダは、人々が教えを理解する力がまだ欠けていたので、方便（真実に近づくための手段）として、悟りを得るために三乗（小乗）の修行の方法を説いてきたが、**じつは一乗（大乗）の教えしかなく、それによってすべての人が必ず仏になることができる**と説きます。

この方便品は、葬儀などでよく読まれるので、その一部を掲載します。

第3章（譬喩品《ひゆほん》、三車火宅《さんしゃかたく》の喩え）は、『法華経』の有名な7つの喩え**（法華七喩《ほっけしちゆ》）**の最初の話です。

長者の家で火災が発生します。子供たちは遊びに夢中で逃げようとしません。しかも、この家は出口が1つしかありません。すると長者は、外には楽しい羊車や鹿車、牛車があるといって、子供たちを外に誘い出して助けました。そして、子供に一番立派な牛車をあたえました。

この話では、人々（子供たち）はなにも知らず苦しみのある現世（火災）のなかを生きているが、仏（長者）は大乗（車）をあたえて救い出そうとしていることを教えています。

第4章（信解品《しんげほん》、放蕩息子の喩え）は、弟子たちによって2つ目の喩えが語られます。ある放蕩息子が、50年ものあいだ家を留守にして放浪していたが、ある大富豪の家に雇い入れられます。それから20年、仕事に精をだしました。そして、大富豪が臨終のとき、全財産をゆずられることになります。じつは、この大富豪が本当の父だったのです。

ブッダ（大富豪）が弟子（息子）に小乗（仕事）をあたえたのは、まだ未熟だったからで、小乗が弟子を成熟させ、大乗（財産）をあたえられるようになったことを示しています。

第5章（薬草喩品《やくそうゆほん》、三草二木の喩え）は、雨の量は同じでも植物は大・中・小の大きさによって、水分を吸収する量が違うと説きます。仏は平等に教えをさずけますが、弟子はそれぞれに満足するレベルも成長のレベルも違うことの喩え話になっています。

第11章（見宝塔品《けんほうとうほん》）では、7つの宝石からなる塔が地中からあらわれるシーンか

ブッダの入滅を方便に人々を悟りへ導く

法華経＝すべての人は題目を唱えることで仏になることができると説く

なまけ、迷い、
罪を犯す人々
⇒
ブッダの
「入滅」
⇒
ブッダの姿を追い
修行に励む

ブッダは姿を隠すことで人々を仏への道に導く

らはじまります。この宝塔のなかには、多宝如来が座っています。多宝如来は、ブッダの過去の姿で「過去仏」です。ブッダが過去からブッダであったことを示します。ブッダは多宝如来といっしょに座り、過去と現在が合流し、永遠に不滅の存在であることが示されます。

第16章（如来寿量品《にょらいじゅりょうほん》、医師の喩え）は、第11章につづいて、ブッダが永遠に生きていることが示されます。ここにある医師の喩えが、7つの喩えの最後になります。

じつはブッダは、悟りを開いてからものすごい年月をへているが、**方便として、人々がなまけないように、入滅したよう**

に見せかけたにすぎません。それはちょうど、子供を救うための方便といっしょだといいます。

ある医者の子供が毒薬を飲んでしまったので、薬を飲ませて助けようとしますが、意識がはっきりせず、薬を飲もうとしません。そこで、医者は他国に行って死んだふりをします。すると、子供はショックをうけ、薬を飲んで助かります。そこへ医者が戻ってくるという話です。

如来寿量品は、『法華経』のハイライトであり、出家の日常の勤行や法要で読まれるので、その一部を掲載します。

第17章から最終章までは、主に『法華経』を広めるために大切なことや弟子に布教を託すことについて語られます。

『方便品第二《ほうべんぽんだいに》』

爾時世尊《にじせそん》。従三昧安詳而起《じゅうさんまいあんじょうにき》。告舎利弗《ごうしゃりほつ》。諸佛智恵《しょぶつちえ》。甚深無量《じんじんむりょう》。其智恵門《ごちえもん》。難解難入《なんげなんにゅう》。一切《いっさい》聲聞《しょうもん》。辟支佛《ひゃくしぶつ》。所不能知《しょふのうち》。所以《しょい》者何《しゃが》。

「第2章　方便品」

そのときブッダは、深い瞑想からさめて、安らかに落ち着いて立ちあがり、舎利弗（ブッダの十大弟子の1人）に次のように述べた。

仏の智慧は、おそろしく深くてはかり知れないものである。その智慧の門は理解するのも入るのも難しい。だから、ただ教えを聞くだけの人（聲聞）や、仏の教えによらず1人で悟りを開こうとする人（縁覚）にはまったく理解することができない。それはなぜか？

佛曾親近《ぶつぞうしんごん》。百千万億《ひゃくせんまんのく》。無数《むしゅ》
諸佛《しょぶつ》。
盡行諸佛《じんぎょうしょぶつ》。無量道法《むりょうどうほう》。勇《ゆう》
猛精進《みょうしょうじん》。
名稱普聞《みょうしょうふもん》。成就甚深《じょうじゅじんじん》。未《み》
曾有法《ぞううほう》。
随宜所説《ずいぎしょせつ》。意趣難解《いしゅなんげ》。
舎利弗《しゃりほつ》。吾従成佛已来《ごじゅうじょうぶついらい》。
種種因縁《しゅじゅいんねん》。種種譬喩《しゅじゅひゆ》。廣演《こうえん》

仏は、すでに百千万億という無数の仏のもとで教えを聞き、修行を行い、あらゆる気力をふるいたたせて精進を重ね、その名声は広く伝わった。あらゆる法を深く習得し、それをそのときどきで説いているが、ほんとうの意味を理解するのは難しい。

舎利弗よ！　私は成仏してから、因縁の話や比喩の話によって広く教えを述べてきた。無数

言教《ごんきょう》。無數方便《むしゅほうべん》。引導衆《いんどうしゅ》生《じょう》。令離諸著《りょうりしょじゃく》。所以者何《しょいしゃが》。如來方便《にょらいほうべん》。知見波羅蜜《ちけんはらみつ》。皆《かい》已具足《いぐそく》。

舍利弗《しゃりほつ》。如來知見《にょらいちけん》。廣大深《こうだいじん》遠《のん》。無量無礙《むりょうむげ》。力《りき》。無所《むしょ》畏《い》。禪定《ぜんじょう》。解脱《げだつ》。三昧《さんまい》。深《じん》入無際《にゅうむさい》。成就一切《じょうじゅいっさい》。未曾《みぞう》有法《うほう》。

の手段（方便）を使って、人々を導き、さまざまな執着からのがれさせてきた。それはなぜか？　如来（仏）は、手段（方便）と完全なる智慧を備えているからである。

舎利弗よ！　如来の知見は広大・深遠で、法を説くのにためらいもないし恐れもない。瞑想して悟りを開き、深い境地にいたり、あらゆる法のすべてを習得している。

舎利弗《しゃりほつ》。如來能種種分別《にょらいのうしゅじゅふんべつ》。巧説諸法《ぎょうせつしょほう》。言辭柔軟《ごんじじゅうなん》。悦《えっ》可衆心《かしゅしん》。舎利弗《しゃりほつ》。取要言《しゅようごん》之《し》。無量無邊《むりょうむへん》。未曾有法《みぞううほう》。佛悉成就《ぶっしつじょうじゅ》。止《し》。舎利弗《しゃりほつ》。不須復説《ふしゅぶせつ》。所以者何《しょいしゃが》。佛所《ぶっしょ》成就《じょうじゅ》。第一希有《だいいちけう》。難解之《なんげし》法《ほう》。唯佛與佛《ゆいぶつよぶつ》。乃能究盡《ないのうくじん》。諸法實相《しょほうじっそう》。所謂諸法《しょいしょほう》。

如是相《にょぜそう》。如是性《にょぜしょう》。如是《にょぜ》

舎利弗よ！　そのうえ如来は、それぞれのことを体系的に整理して法を説くことができるので、その言葉はわかりやすく、人々は理解する喜びを得ることができる。舎利弗よ！　つまりは仏はあらゆる法のすべてを習得しているということなのである。舎利弗よ！　これ以上言うことはない。その理由を繰り返すならば、仏が習得したものは、最高に稀有で難解な法であって、ただ仏どうしがその真実を極めることができるものなのである。

つまり、あらゆる存在の「形・性質・本質・

體《たい》。如是力《にょぜりき》。如是作《にょぜさ》。如是《にょぜ》因《いん》。如是縁《にょぜえん》。如是果《にょぜか》。如是《にょぜ》報《ほう》。如是本末究竟等《にょぜほんまつくきょうとう》。

（後略）

能力・作用・原因・条件・結果・報い」という9つの現象には上下大小がなく平等であるということを、仏はこれを極めつくしているのである。

（後略）

『如来寿量品第十六《にょらいじゅりょうほんだいじゅうろく》』

（前略）

諸《しょ》善《ぜん》男《なん》子《し》。我《が》本《ほん》行《ぎょう》菩《ぼ》薩《さつ》道《どう》。所《しょ》成《じょう》壽《じゅ》命《みょう》。今《こん》猶《ゆう》未《み》盡《じん》。復《ぶ》倍《ばい》上《じょう》數《しゅ》。然《ねん》今《こん》非《ひ》實《じつ》滅《めつ》度《ど》。而《に》便《べん》唱《しょう》言《ごん》。當《とう》取《しゅ》滅《めつ》度《ど》。如《にょ》来《らい》以《い》是《ぜ》方《ほう》便《べん》。教《きょう》化《け》衆《しゅ》生《じょう》。所《しょ》以《い》者《しゃ》何《が》。

若《にゃく》佛《ぶつ》久《く》住《じゅう》於《お》世《せ》。薄《はく》徳《とく》之《し》

「第16章　如来寿量品」

（前略）

みなさん！　私（ブッダ）が菩薩の修行を行い、それによって得た寿命は、いまもなお尽きない。それどころか、いままで生きてきた年月の倍はある。いまは入滅のときではないけれど、仮に入滅すると言っているだけである。如来（仏）というのは、このような手段（方便）をもって人々に教えを説くのである。それはなぜか？

もし仏がこの世に長く住んでいたら、徳の薄

人《にん》。不《ふ》種《しゅ》善《ぜん》根《ごん》。貧《びん》窮《ぐ》下《げ》賤《せん》。妄《もう》
貪《とん》著《じゃく》五《ご》欲《よく》。入《にゅう》於《お》憶《おく》想《そう》。
見《けん》網《もう》中《ちゅう》。

若《にゃっ》見《けん》如《にょ》来《らい》。常《じょう》在《ざい》不《ふ》滅《めつ》。便《べん》起《き》
憍《きょう》恣《し》。而《に》懐《え》厭《えん》怠《だい》。不《ふ》能《のう》生《しょう》
於《お》。難《なん》遭《ぞう》之《し》想《そう》。恭《く》敬《ぎょう》之《し》心《しん》。
是《ぜ》故《こ》如《にょ》来《らい》。以《い》方《ほう》便《べん》説《せつ》。比《び》丘《く》
當《とう》知《ち》。所《しょ》佛《ぶっ》出《しゅっ》世《せ》。難《なん》可《か》値《ち》

い人は善を生み出すための努力をせず、心が貧しくいやしくなり、五欲（財欲・色欲・食欲・名誉欲・睡眠欲）に執着し、迷いの心にとらわれてしまうからだ。

もし如来（仏）がつねに存在して入滅しないとすれば、すぐにおごりたかぶり、気ままで怠惰な心をもつようになり、仏に会いたいと思うことも、仏を尊敬することもなくなるだろう。だから如来は、手段（方便）によって、「修行者たちよ、この世にあらわれた仏たちに会うことは難しい」と説くのである。

遇《ぐ》。
所以者何《しょいしゃが》。諸薄徳人《しょはくとくにん》。過無《かむ》
量百千万億劫《りょうひゃくせんまんのっこう》。或有見佛《わくうけんぶつ》。
或不見者《わくふけんしゃ》。以此事故《いしじこ》。我作《がさ》
是言《ぜごん》。諸比丘《しょびく》。如来難可得《にょらいなんかとっ》
見《けん》。

斯衆生等《ししゅじょうとう》。聞如是語《もんにょぜご》。必當《ひっとう》
生於《しょうお》。難遭之想《なんぞうしそう》。心懐戀《しんねれん》
慕《ぼ》。渇仰於佛《かつごうおぶつ》。便種善根《べんしゅぜんごん》。

それはなぜかといえば、徳の薄い人々のなかには、百千万億という無限の時間のなかで、仏を見る者もあれば、見ない者もいるからである。だから、私は言うのだ。「修行者たちよ、如来に会うことは難しい」と。

人々は私のこのような言葉を聞いて、必ず仏に会いたいという思いや恋慕の情をいだき、仏を求めてただちに善を生み出すための努力をするであろう。だから如来は、実際は入滅しな

是《ぜ》故《こ》如来《にょらい》。雖《すい》不《ふ》實滅《じつめつ》。而《に》言《ごん》滅度《めつど》。又《う》善男子《ぜんなんし》。諸佛《しょぶつ》如《にょ》来《らい》。法皆如是《ほうかいにょぜ》。爲《い》度《ど》衆生《しゅじょう》。皆實不虛《かいじつふこ》。

譬如良醫《ひにょろうい》。智慧聡達《ちえそうだつ》。明練《みょうれん》方薬《ほうやく》。善治衆病《ぜんじしゅびょう》。其人多諸《ごにんたしょ》子息《しそく》。若十《にゃくじゅう》。二十《にじゅう》。乃至《ないし》百數《ひゃくしゅ》。以有事縁《いうじえん》。遠至餘《おんしよ》國《こく》。諸子於後《しょしおご》。飲他毒薬《おんたどくやく》。

いにもかかわらず、入滅すると言うのである。そして、みなさん、それぞれの仏や如来の法は、これと同じである。つまり、人々を救うためであるから、すべて真実であって、偽りはないのである。

それはちょうど、次のようなことだ。ある医者がいて、智慧があって、薬の処方がうまく、よく人々の病気を治していたとしよう。その医者には多くの子供がいて、10人か20人、あるいは１００人を数えるほどいたとしよう。あるとき医者は、知り合いに呼ばれて遠くの他国に行った。その留守中、子供たちは毒薬を飲ん

藥《やく》發《ほつ》悶《もん》乱《らん》。宛《えん》轉《でん》于《う》地《ぢ》。是《ぜ》時《じ》其《ご》父《ぶ》。還《げん》來《らい》歸《き》家《け》。諸《しょ》子《し》飲《おん》毒《どく》。或《わく》失《しつ》本《ほん》心《しん》。或《わく》不《ふ》失《しっ》者《しゃ》。遙《よう》見《けん》其《ご》父《ぶ》。皆《かい》大《だい》歡《かん》喜《ぎ》。拜《はい》跪《き》問《もん》訊《じん》。

善《ぜん》安《なん》穩《のん》歸《き》。我《が》等《とう》愚《ぐ》癡《ち》。誤《ご》服《ぶく》毒《どく》藥《やく》。願《がん》見《けん》救《く》療《りょう》。更《きょう》賜《し》壽《じゅ》命《みょう》。

であたった。彼らは悶え苦しみ、地上をのたうちまわった。そのとき、医者が旅行から帰ってきた。毒を飲んで意識を失っている子もいれば、意識が残っている子もいる。子供たちは、父の帰りを見て、みんな大いに喜び、こう言った。

「よく無事にお帰りなさいました。私たちは愚かにも、誤って毒薬を飲んでしまいました。どうか命をお助けください」

父《ぶ》見《けん》子《し》等《とう》。苦《く》悩《のう》如《にょ》是《ぜ》。依《え》諸《しょ》經《きょう》方《ぼう》。求《ぐ》好《こう》藥《やく》草《そう》。色《しき》香《こう》美《み》味《み》。皆《かい》悉《しつ》具《ぐ》足《そく》。擣《とう》篩《し》和《わ》合《ごう》。與《よ》子《し》令《りょう》服《ぶく》。而《に》作《さ》是《ぜ》言《ごん》。

此《し》大《だい》良《ろう》藥《やく》。色《しき》香《こう》美《み》味《み》。皆《かい》悉《しつ》具《ぐ》足《そく》。汝《にょ》等《とう》可《か》服《ぶく》。速《そく》除《じょう》苦《く》悩《のう》。無《む》復《ぶ》衆《しゅ》患《げん》。

其《ご》諸《しょ》子《し》中《ちゅう》。不《ふ》失《しっ》心《しん》者《じゃ》。見《けん》此《し》良《ろう》藥《やく》。色《しき》香《こう》倶《ぐ》好《こう》。即《そく》便《べん》

父は、子供たちが苦しんでいるのを見て、薬剤治療の処方にしたがって、色も香りも味もいい薬草をしばらくまぜあわせ、解毒剤にして子供たちに与えて飲ませ、次のように言った。

「この薬は、色も香りも味もいい薬草をまぜあわせている。すぐに苦しみがなくなり、病気は癒えるだろう」

子供たちのうち、意識を失っていない子は、この薬が色も香りも味もいいのを見て、すぐに

服《ぶく》之《し》。病《びょう》盡《じん》除《じょ》愈《ゆ》。餘《よ》失《しっ》心《しん》者《じゃ》。見《けん》其《ご》父《ぶ》來《らい》。雖《すい》亦《やく》歡《かん》喜《ぎ》問《もん》訊《じん》。求《ぐ》索《しゃく》治《じ》病《びょう》。然《ねん》與《よ》其《ご》藥《やく》。而《に》不《ふ》肯《こう》服《ぶく》。所《しょ》以《い》者《しゃ》何《が》。毒《どっ》氣《け》深《じん》入《にゅう》。失《しっ》本《ぽん》心《しん》故《こ》。於《お》此《し》。好《こう》色《しき》香《こう》藥《やく》。而《に》謂《い》不《ふ》美《み》。

父《ぶ》作《さ》是《ぜ》念《ねん》。此《し》子《し》可《か》愍《みん》。爲《い》毒《どく》所《しょ》中《ちゅう》。心《しん》皆《かい》顛《てん》倒《どう》。雖《すい》見《けん》我《が》喜《き》。求《ぐ》索《しゃっ》救《く》療《りょう》。如《にょ》是《ぜ》好《こう》藥《やく》。而《に》不《ふ》肯《こう》服《ぶく》。我《が》今《こん》當《とう》設《せっ》方《ほう》

これを飲み、病気はたちまち治って元気になった。

しかし、意識が動転している者は、父が帰ってきたのを見て喜び、病気を治してくれるよう求めたけれど、与えられた薬を飲もうとしなかった。なぜかというと、毒が体内に深く入り込んで、本心を失っているため、この色も香りもいい薬が苦いのではないかと思ったからだ。

そこで父は次のように考えた。「この子はかわいそうだ。毒のために意識が動転し、私を見て喜び、救いを求めたけれども、このような良薬を与えても飲もうとしない。それならば、手段（方便）をもって、この薬を飲ませてやろう」

便《べん》。令服此藥《りょうぶくしやく》。
即作是言《そくさぜごん》。汝等當知《にょとうとうち》。我今《がこん》
衰老《すいろう》。死時已至《しじいし》。是好良《ぜこうろう》
藥《やく》。今留在此《こんるざいし》。汝可取服《にょかしゅぶく》。
勿憂不差《もっつうふさい》。作是教已《さぜきょうい》。復《ぶ》
至他國《したこく》。遣使還告《けんしげんごう》。汝父已《にょぶい》
死《し》。
是時諸子《ぜじしょし》。聞父背喪《もんぶはいそう》。心大《しんだい》
憂悩《うのう》。而作是念《にさぜねん》。若父在《にゃくぶざい》

そこでこう言った。「子供たちよ、聞いてほしい。私は老いて衰え、死のときが迫っている。この良薬をここにおいていく。病気の子は、どうかこの薬を飲んでくれ。治らないなどと心配することはない」。そう言い終えると、ふたたび他国へ去り、使者を遣わして、父が死んだと告げさせた。

子供たちは、父が自分たちを残して亡くなったと聞き、大いに嘆き悲しみ、こう考えた。「も

者《しゃ》。慈愍我等《じみんがとう》。能見救護《のうけんくご》。今者捨我《こんじゃしゃが》。遠喪他國《おんそうたこく》。自惟《じゆい》孤露《ころ》。無復恃怙《むぶじこ》。常懐悲感《じょうえひかん》。心遂醒悟《しんずいしょうご》。乃知此藥《ないちしやく》。色香味美《しきこうみみ》。即取服之《そくしゅぶくし》。毒病《どくびょう》皆愈《かいゆ》。其父聞子《ごぶもんし》。悉已得《しっちとく》差《さい》。尋便來歸《じんべんらいき》。咸使見之《げんしけんし》。

諸善男子《しょぜんなんし》。於意云何《おいうんが》。頗《は》有人能《うにんのう》。説此良醫《せっしろうい》。虚《こ》妄罪不《もうざいふ》。不也世尊《ほっちゃせそん》。佛《ぶっ》

し父が生きていたら、私たちをあわれんで、救ってくださるだろうが、父は私たちを捨てて遠く、死の国へ旅立たれた」。子供たちは父母がなく孤独になったことを思い知り、悲嘆にくれ、そしてついに目を覚ました。この薬が色も香りも味もいいことに気づき、服用すると、病気はたちまち治った。父は、子供たちが癒えたと聞いて帰ってきたという。

みなさん、このことをどう考えるか？　そもそも、この医者が嘘偽りを言ったという罪をとがめる人がいるだろうか。ブッダはつづけて言った。私もこの医者と同じで、成仏してから、

言《ごん》。我《が》亦《やく》如《にょ》是《ぜ》。成《じょう》佛《ぶつ》已《い》來《らい》。無《む》量《りょう》無《む》邊《へん》。百《ひゃく》千《せん》万《まん》億《のく》。那《な》由《ゆ》他《た》。阿《あ》僧《そう》祇《ぎ》劫《こう》。爲《い》衆《しゅ》生《じょう》故《こ》。以《い》方《ほう》便《べん》力《りき》。言《ごん》當《とう》滅《めつ》度《ど》。亦《やく》無《む》有《う》能《のう》。如《にょ》法《ほう》説《せつ》我《が》。虚《こ》妄《もう》過《か》者《しゃ》。爾《に》時《じ》世《せ》尊《そん》。欲《よく》重《じゅう》宣《せん》此《し》義《ぎ》。而《に》説《せつ》偈《げ》言《ごん》。

（後略）

無量無辺・百千万億以上の無限の時間がたっている。人々のために、手段（方便）として「入滅する」と言うけれど、それを嘘偽りの過ちを犯す者であるとは誰も言わないのである。

（後略）

【念仏を唱えれば極楽浄土に往生できると説く】

「浄土三部経」

じょうどさんぶきょう

NO.3

48の願いをたて阿弥陀如来になる

『無量寿経』『阿弥陀経』『観無量寿経』の３つは「浄土三部経」と呼ばれます。

まず**『無量寿経』**（**『大経』**）は、浄土信仰の根本になるお経です。５つの漢訳があり、日本では、康僧鎧《こうそうがい》が２５２年に訳したものが用いられています。ブッダが阿難（十大弟子の１人）の質問に答える形式でまとめられ、阿弥陀如来（無量寿仏）が仏となったいきさつが主に語られます。

阿弥陀如来は、かつては法蔵という修行僧でしたが、48の願い（**四十八の大願**）をたてて、この願いがすべて実現しなければ仏にならないと誓いました。

たとえば、「王本願」といわれてもっとも重要な18番目の願いでは、「人々が阿弥陀如来の名を唱えて極楽往生できなければ、仏にならない」と誓いました。ちなみに、この18番目の願いにちなんで、得意なものを「十八番」「おはこ」などと言うようになりました。

法蔵は、修行によって48の願いを実現し、悟りを開いて阿弥陀如来となります。いまは西方の極楽浄土にいるということです。

このお経のポイントは、**阿弥陀如来の救済を信じて「南無阿弥陀仏」と念仏を唱えれば、必ず極楽往生できると説いている**ことです。日本ではこのお経がもとになり、念仏を重視する浄土宗や浄土真宗が生まれました。

ここでは18番目の願いと、法蔵が48の願いを説き終えたときのシーンを掲載します。

極楽浄土を描く

『阿弥陀経』（『小経』）は、『無量寿経』の簡約版です。ところどころ違いはあるもの

日本人に親しまれる浄土信仰の経典

無量寿経＝「南無阿弥陀仏」を唱えれば極楽浄土に往生できると説く

阿弥陀仏＝阿弥陀如来

48の願いを実現し、悟りを開く

「自身が救いの光を放つ仏になること」

「無量の寿命を持つ仏になること」

「女性も往生できる世界にすること」etc

⇓

念仏を唱えると、臨終のときに阿弥陀如来が浄土へ導くため迎えに現れる

の、ほぼ同じ内容になっています。漢訳したのは鳩摩羅什です。

このお経は、ブッダが舎衛城《しゃえいじょう》の近くにあった祇園《ぎおん》精舎《しょうじゃ》において、舎利弗などの弟子と集まった多くの人の前で説法をする形がとられています。

まず、阿弥陀如来と極楽浄土のすばらしさが説かれています。

それによれば、極楽浄土は私たちの世界から西の方角に、十万億という無数の仏国土（仏の住む国）を越えたところにあります。さまざまな色をした鳥が美しい声でさえずり、そよ風に吹かれて美しい音楽が聞こえ、七宝でできた池には色とりどりの大きな蓮の花が咲き、宮殿は金銀や宝石できらびやかに飾られています。極楽浄土は、苦しみや不安のない楽に満ちた世界です。そこでは修行僧たちが日夜修行に励んでおり、そのなかで阿弥陀仏がいまも教えを説いています。

この美しい極楽浄土に生まれたいと願う者は、「南無阿弥陀仏」と一心不乱に唱えれば、臨終のときに阿弥陀如来が多くの聖者とともに迎えにあらわれるといいます。

また、この教えが嘘ではないことは、全宇宙にいる無数の仏たちが、ブッダと同じように阿弥陀仏の大きな功徳《くどく》をたたえていることから明らかだとしています。

そして最後に、これまでの言葉を信じて、阿弥陀仏の極楽浄土に生まれたいという願いを起こしなさい、と説いています。

『阿弥陀経』は日本では、法要や仏事でもっとも読まれるお経の1つです。念仏による浄土往生を説いた部分を掲載します。

悲劇物語で十六観を説く

もう1つの**『観無量寿経』（『観経』）**は、畺良耶舎《きょうりょうやしゃ》が漢訳しました。ある悲劇物語

阿弥陀仏や浄土を思い浮かべる方法

観無量寿経＝ブッダが阿弥陀仏や浄土を思い浮かべる方法を説く

浄土を願う人にブッダが示す手段

三福

3つの修行

「道徳的善行」
「仏・法・僧への帰依」
「大乗のための修行」

十六観

16の観法

「浄土の大地を想う」
「阿弥陀仏の台座の蓮華を想う」
「仏像を見て阿弥陀仏を想う」
など

を通して、阿弥陀仏や浄土を思い浮かべる方法が説かれています。

マガダ国の王子（阿闍世《あじゃせ》）は、仏弟子（提婆達多《だいばだった》）にそそのかされ、早く国王になるため、父王を幽閉して餓死させようとしました。しかし、国王夫人（ヴァイデーヒー夫人）がひそかに食事を運んで助けようとしたため、王子は母も幽閉してしまいました。

夫人はブッダに祈り、苦しみのない浄土が見たいと願います。ブッダはこれに応じ、多くの浄土を示しました。夫人はそのなかから、阿弥陀如来の極楽浄土に生まれたいと願いました。ブッダは極楽に生まれる手段として、3つの修行（三福＝道徳的善行・三宝帰依の宗教心・大乗のための修行）をさずけ、**浄土に生まれるために阿弥陀仏や浄土の姿を思い浮かべる16の方法（十六観）を説きました。**夫人はこれを喜び、ほかの侍女たちとともに仏国土に生まれることを願いました。

ここでは、王子が母を幽閉するシーンを掲載します。

『無量寿経』

（前略）

第十八願

設《たと》我《が》得《とく》仏《ぶつ》　十《じっ》方《ぽう》衆《しゅ》生《じょう》　至《し》心《しん》
信《しん》楽《ぎょう》　欲《よく》生《しょう》我《が》国《こく》　乃《ない》至《し》十《じゅう》
念《ねん》　若《にゃく》不《ふ》生《しょう》者《じゃ》　不《ふ》取《しゅ》正《しょう》覚《がく》
唯《ゆい》除《じょ》五《ご》逆《ぎゃく》誹《ひ》謗《ぼう》正《しょう》法《ぼう》。

（中略）

『無量寿経』

（前略）

18番目の願い

もしも私が悟りを得たあとに、人々がひたむきに信じる心をもって、極楽に生まれたいと思い、わずか10回でも私の名を唱え、それでも極楽に生まれないようなことがあるとしたら、私は悟りを開いて仏となることはないだろう。ただし、五逆の罪を犯す者（母を殺すこと、父を殺すこと、阿羅漢を殺すこと、僧の和合を破ること、仏身を傷つけること）と仏の教えをののしる者は除外される。

（中略）

仏告《ぶっこく》阿難《あなん》　法蔵比丘《ほうぞうびく》　説此《せっし》頌已《しじゅい》　応時《おうじ》　普地六種《ふじろくしゅ》　震《しん》動《どう》。天雨妙華《てんぬみょうけ》　以散其上《いさんごじょう》。自然音楽《じねんおんがく》　空中讃言《くうじゅうさんごん》　決《けつ》定《じょう》　必成無上正覚《ひつじょうむじょうしょうがく》。於是《おぜ》法蔵比丘《ほうぞうびく》　具足《ぐそく》　修満《しゅうまん》　如《にょ》是大願《ぜたいがん》　誠諦不虚《じょうたいふこ》。

（後略）

ブッダは阿難（十大弟子の1人）に次のように告げた。法蔵が48の願いを説き終わったとき、大地が四方・上下に振動した。天からは妙華（天界に咲く美しい花）がふりそそぎ、大地にちりばめられた。どこからともなく音楽がなりひびき、「この大願をなしとげて、必ず最高の悟りを得よ」とたたえる声が聞こえた。そして今、法蔵は48の願いをことごとくなしとげて、このうえない悟りを開いたのである。

（後略）

『阿弥陀経』

（前略）

舎利佛《しゃりほつ》、衆生聞者《しゅじょうもんしゃ》、應當《おうとう》發願生彼國《ほつがんしょうひこく》。所以者何《しょいしゃが》。得《とく》與如是諸上善人倶會一處《よしょぜしょじょうぜんにんくえいっしょ》。

舎利弗《しゃりほつ》、不可以少善根福《ふかいしょうぜんごんふく》德因縁得生彼國《とくいんねんとくしょうひこく》。

『阿弥陀経』

（前略）

舎利弗（十大弟子の1人）よ！　極楽浄土や阿弥陀仏、聖衆（極楽浄土の菩薩たち）のことを聞きたいという者がいれば、極楽浄土に生まれたいと願うべきである。なぜかと言うと、このように極楽浄土に生まれたいと願って精進する者は、同じように精進する善き人たちといっしょに浄土で出会うことができるからである。

舎利弗よ！　わずかばかり善い行いをしただけでは、浄土に生まれることはできない。

舎利弗《しゃりほつ》、若有《にゃくう》善男子《ぜんなんし》善女《ぜんにょ》人《にん》、聞説《もんせつ》阿彌陀佛《あみだぶつ》、執持名《しゅうじみょう》號《ごう》、若一日《にゃくいちにち》、若二日《にゃくににち》、若三《にゃくさん》日《にち》、若四日《にゃくよんにち》、若五日《にゃくごにち》、若《にゃく》六日《ろくにち》、若七日《にゃくしちにち》、一心不亂《いっしんふらん》、其人臨命終時《ごにんりんみょうじゅうじ》、阿彌陀佛《あみだぶつ》、與諸聖衆《よしょうしゅうじゅ》、現在其前《げんざいごぜん》。是《ぜ》人終時《にんじゅうじ》、心不顛倒《しんぷてんどう》。即得《そくとく》往生《おうじょう》阿彌陀佛《あみだぶつ》極樂國土《ごくらくこくど》。

（後略）

舎利弗よ！　もし立派な男性や立派な女性がいて、「南無阿弥陀仏」と唱えることを知り、心の中で深く考え、1日、2日、3日、4日、5日、6日、7日と一心不乱に考えたならば、彼らが臨終のとき、阿弥陀仏は菩薩たちとともにその前に姿をあらわすだろう。そうすると、その人は死の恐怖などで気が動転することもなく命を終えて、ただちに阿弥陀仏の極楽浄土に往生することができるのである。

（後略）

『観無量寿経』

（前略）

爾《に》時《じ》王《おう》舎《しゃ》大《だい》城《じょう》、有《う》一《いち》太《たい》子《し》。名《みょう》阿《あ》闍《じゃ》世《せ》。隨《ずい》順《じゅん》調《じょう》達《だつ》　悪《あく》友《う》之《し》教《きょう》。収《しゅ》執《しゅう》父《ぶ》王《おう》　頻《びん》婆《ば》娑《しゃ》羅《ら》、幽《ゆ》閉《へい》置《ち》於《お》七《しち》重《じゅう》室《しつ》内《ない》。制《せい》諸《しょ》群《ぐん》臣《しん》、一《いっ》不《ぷ》得《とく》往《おう》。

國《こく》大《だい》夫《ぶ》人《にん》、名《みょう》韋《い》提《だい》希《け》。恭《く》敬《ぎょう》

『観無量寿経』

（前略）

そのとき、王舎城に阿闍世《あじゃせ》という王子がいた。彼は、悪友にそそのかされ、父王ビンビサーラ（頻婆娑羅《びんばしゃら》）をとらえ、七重に囲まれた室内に幽閉し、家臣たちを近づけないようにした。

ヴァイデーヒー夫人（韋提希《いだいけ》）は、大王を敬

大王《だいおう》、澡浴清淨《そうよくしょうじょう》、以酥蜜和《いそみつわ》麨《しょう》、用塗其身《ようずごしん》、諸瓔珞中《しょようらくちゅう》、盛蒲桃漿《じょうぶどうしょう》、密以上王《みついじょうおう》。爾《に》時大王《じだいおう》、食麨飲漿《じきしょうおんしょう》、求水漱《ぐすいそう》口《く》。漱口畢已《そうくひつい》、合掌恭敬《がっしょうくぎょう》、向耆闍崛山《こうぎじゃくつせん》、遥禮世尊《ようらいせそん》、而《に》作是言《さぜごん》。

大目犍連《だいもっけんれん》、是吾親友《ぜごしんぬ》。願興《がんこう》慈悲《じひ》、授我八戒《じゅがはっかい》。

愛していたので、体を清め、バターに乾飯の粉を混ぜたものを塗り、胸飾りの1つひとつに葡萄酒をつめ、ひそかに王に差し出した。大王は、乾飯を食べ、葡萄酒を飲んでから、水で口をすすいで、合掌してうやうやしく耆闍崛山《ぎじゃくっせん》（グリドラクータ）のほうを向いて、山上のブッダに礼拝し、こう言った。

「あなたの弟子のマウドガリヤーヤナ（目犍《もっけん》連《れん》）は、私の親しい友人です。どうか慈悲を

時《じ》目《もっ》犍《けん》連《れん》、如《じょ》鷹《おう》隼《じゅん》飛《び》、疾《しっ》至《し》王《おう》所《しょ》。日日《にちにち》如是《にょぜ》、授《じゅ》王《おう》八《はっ》戒《かい》。世《せ》尊《そん》亦《やく》遣《けん》　尊《そん》者《じゃ》富《ふ》樓《る》那《な》、爲《い》王《おう》説《せっ》法《ぽう》。如《にょ》是《ぜ》時《じ》間《けん》、經《きょう》三《さん》七《しち》日《にち》、王《おう》食《じき》麨《しょう》蜜《みつ》、得《とく》聞《もん》法《ぼ》故《こ》、顏《げん》色《しき》和《わ》悦《えつ》。

時《じ》阿《あ》闍《じゃ》世《せ》、問《もん》守《しゅ》門《もん》者《しゃ》。父《ぶ》王《おう》今《こん》者《じゃ》　猶《ゆ》存《ぞん》在《ざい》耶《や》。時《とき》守《しゅ》門《もん》人《にん》、白《びゃく》言《ごん》大《だい》王《おう》、國《くに》大《だい》

もって彼を私に遣わし、私に8つの戒律をさずけてください」

するとマウドガリヤーヤナは、まるで鷹や隼が飛ぶように、すみやかに大王のもとにあらわれた。このようにして毎日、彼は大王に戒律をさずけた。また、ブッダは弟子プールナ（富《ふ》樓那《るな》）を遣わし、大王のために教えを説かせた。こうして37日がたった。大王は、乾飯を食べ、仏法を聞いていたので、顔色がよかった。

あるとき、阿闍世は門番に尋ねた。

「父王はまだ生きているか？」

門番は答えた。

夫人《ぶにん》、身塗麨蜜《しんずしょうみつ》、瓔珞盛《ようらくじょう》漿《しょう》、持用上王《じようじょうおう》。沙門目連《しゃもんもくれん》及富樓那《ぎゅうふるな》、從空而來《じゅうくにらい》、爲《い》王說法《おうせっぽう》。不可禁制《ふかきんぜい》。

時阿闍世《じあじゃせ》、聞此語已《もんしごい》、怒其《ぬご》母曰《もわつ》。

我母是賊《がもくぜぞく》、與賊爲伴《よぞくいばん》。沙門《しゃもん》惡人《あくにん》。幻惑呪術《げんわくしゅじゅつ》、令此惡王《りょうしあくおう》多日不死《たにちふし》。即執利劔《そくしゅうりけん》、欲《よく》害其母《がいごも》。

「王妃が、体にバターに乾飯の粉を混ぜたものを塗り、胸飾りの1つひとつに葡萄酒をつめ、父王にさしあげています。また、仏弟子のマウドガリヤーヤナとプールナが空から飛んできて、父王に教えを説いています。私はこれを止められません」

阿闍世はこれを聞いて、怒って母に言った。

「母上は罪人だ。罪人である父の味方をするのだから。仏弟子どもも悪人だ。あやしげな呪術で悪王である父を助け、生き延びさせている」

そして剣をとって、母を殺そうとした。

時《じ》有《う》一《いっ》臣《しん》、名《みょう》曰《わつ》月《がっ》光《こう》。聰《そう》明《みょう》多《た》智《ち》。及《ぎゅう》與《よ》耆《ぎ》婆《ば》、爲《い》王《おう》作《さ》禮《らい》、白《びゃく》言《ごん》大《だい》王《おう》、

臣《しん》聞《もん》毘《び》陀《だ》論《ろん》經《ぎょう》說《せつ》、劫《こっ》初《しょ》已《い》來《らい》、有《う》諸《しょ》惡《あく》王《おう》、貪《とん》國《ごく》位《い》故《こ》、殺《せつ》害《がい》其《ご》父《ふ》、一《いち》万《まん》八《はっ》千《せん》。未《み》曾《ぞう》聞《もん》有《う》　無《む》道《どう》害《がい》母《も》。王《おう》今《こん》爲《い》此《し》殺《せつ》逆《ぎゃく》之《し》事《じ》、汚《お》刹《せつ》利《り》種《しゅ》。臣《しん》不《ぶ》忍《にん》聞《もん》。是《ぜ》栴《せん》陀《だ》羅《ら》。不《ふ》宜《ぎ》住《しゅ》此《じ》。

そのとき、とても賢いチャンドラプラディーパ（月光《がっこう》）という大臣が、同僚のジーヴァカ（耆婆《ぎば》）とともに阿闍世に一礼して言った。

「王さま、私どもの聞くところでは、ヴェーダ（バラモン教の聖典）をひもとくと、はるか昔から悪王は多く、王位を望んで父を殺した者が1万8000人にのぼります。しかし、母を殺すという非道な行いをした者は、聞いたことがありません。それにもかかわらず、母を殺せば、王族の家柄を汚すことになります。私どもはとうてい聞くにたえません。これは賤民のすることです。もはや王宮にいるわけにはいきません」

時《じ》二《に》大臣《だいじん》、説《せっ》此《し》語《ご》竟《きょう》、以《い》手《しゅ》按《あん》劔《けん》、却《きゃく》行《ぎょう》而《に》退《たい》。時《じ》阿《あ》闍《じゃ》世《せ》、驚《きょう》怖《ふ》惶《おう》懼《く》、告《ごう》耆《ぎ》婆《ば》言《ごん》。
汝《にょ》不《ふ》爲《い》我《が》耶《や》。
耆《ぎ》婆《ば》白《びゃく》言《ごん》大《だい》王《おう》、
愼《しん》莫《まく》害《がい》母《も》。
王《おう》聞《もん》此《し》語《ご》、懺《さん》悔《げ》求《ぐ》救《く》。即《そく》便《べん》捨《しゃ》劔《けん》、止《し》不《ふ》害《がい》母《も》。勅《ちょく》語《ご》内《ない》官《かん》、閉《へい》置《ち》深《じん》宮《ぐ》、不《ふ》令《りょう》復《ぶ》出《しゅつ》。

（後略）


　2人の大臣はこう言って、剣の柄に手をかけ、あとずさりした。阿闍世は驚き、ジーヴァカに言った。

「お前は私の味方になってくれないのか」

　ジーヴァカが言った。

「王さま、どうか母を殺すことはやめてください」

　阿闍世はこれを聞いて、自分の行いを悔い、2人の大臣に許しを求め、すぐに剣を捨てて、母を殺すことを思いとどまった。しかしかわりに、役人に命じて、母を王宮の奥深い部屋に幽閉し、外に出られないようにした。


（後略）

【悟りを開くには方便が何より大事である】

『大日経』

だいにちきょう

NO.4

ブッダではなく、大日如来が説く

『大日経』は、密教のお経で、真言宗の根本経典の1つです。善無畏《ぜんむい》が724年に漢訳しました。正式名称は『大毘盧遮那成仏神変加持経《だいびるしゃなじょうぶつじんべんかじきょう》』といいます。

ほかのお経では、教えを説くのはブッダですが、このお経で教えを説くのは「毘盧《びる》遮那仏《しゃなぶつ》（大日如来）」です。「密教」というのは、この**「毘盧遮那仏の秘密の教え」**という意味です。これに対し、そのほかの教えは、「ブッダの開かれた教え」という意味で「顕教《けんきょう》」と呼ばれます。

大日如来が説く「方便」の教え

大日経＝方便の重要性を説く密教の経典

「方便」

「悟りを求める心（菩提心）」を根底とし、
あらゆる生き物に「憐みの心（大悲）」を
持つための方法

⇓

あらゆる「方便」を究めることが必要

曼荼羅

大日如来が鎮座する楼閣を描く
密教の思想が表現されている
（←胎蔵曼荼羅の中央部）

毘盧遮那仏は、そこに集まった「持金《じこん》剛《ごう》」（菩薩）たちのなかでも、「執金剛秘《しゅうこんごうひ》密主《みっしゅ》」との問答を通して教えを説きます。全体の構成は、理論編と実践編からなります。

第1章「往心品」は理論編です。大日如来が悟った「一切智智《いっさいちち》」（絶対的な真実の智）とは、**仏の悟りを求める心（菩提心）をもって、あらゆる生き物を憐れみ（大悲）、これを実践するためにあらゆる手段（方便）を用いること**である、と説きます。この3つは「三句の法門」と呼ばれます。ほかの大乗仏教では、手段（方便）はあくまで悟りを開くための手段にすぎませんが、密教では「手段がすべて」という立場をとります。

第2章から第31章が実践編で、その手段を詳しく説明します。瞑想の心得やそのやり方、唱えるべき真言などを説いています。

ここでは、ポイントとなる「往心品」の一部を掲載します。

ちなみに、密教の思想を仏の絵や図であらわしたものを「曼荼羅《まんだら》」といいます。特に『大日経』をもとにした曼荼羅を「大悲胎蔵生《だいひたいぞうしょう》曼荼羅」といって、まるで母親の胎内で子供が育つように、密教の修行者が悟りに向かうことをあらわしています。もう1つ、密教の根本経典である『金剛頂経《こんごうちょうぎょう》』をもとにした曼荼羅を「金剛界曼荼羅」といいます。密教寺院では、この2つの曼荼羅が対になっていることがあります。

『大日経』入真言門住心品第一

如是我聞《にょぜがもん》。一時《いちじ》薄伽梵《ばがぼん》、住《じゅう》如来加持広大金剛法界宮《にょらいかじこうだいこんごうほっかいぐう》。如《にょ》一切持金剛者皆悉集会《いっさいじこんごうしゃかいしっしゅうかい》。如《にょ》来信解遊戯神変生大楼閣《らいしんげゆげじんぺんしょうだいろうかく》宝王《ほうおう》、高無中辺《こうむちゅうへん》。諸大妙《しょだいみょう》宝王種種間飾《ほうおうしゅしゅけんじき》、菩薩之身為《ぼさししんい》獅子座《ししざ》。

（中略）

『大日経』往心品

私は次のように伝え聞いている。あるとき大日如来は不可思議な力のはたらきを加えて、広大にして金剛のように堅固で、絶対に破壊されることのない真理の世界の宮殿に住んでいた。そこには持金剛者（菩薩）がすべて集まっていた。大日如来は悟りを開くまで修行に励み、自由自在に超人的な能力をはたらかせ、それによって生じた智慧という財宝は楼閣におさめられていた。その楼閣はとても高く、無限であるから、もはや中間がない。さまざまなすばらしい財宝で飾り立てられている。その楼閣のなかに大日如来が獅子のようにどっしり座っている。

（中略）

如《にょ》是《ぜ》説《せっ》已《ち》、毘《び》盧《る》遮《しゃ》那《な》仏《ぶつ》、告《ごう》持《じ》金《こん》剛《ごう》秘《ひ》密《みつ》主《しゅ》言《ごん》、善《ぜん》哉《ざい》善《ぜん》哉《ざい》執《しゅう》金《こん》剛《ごう》、善《ぜん》哉《ざい》金《こん》剛《ごう》手《しゅ》。汝《にょ》問《もん》吾《ご》如《にょ》是《ぜ》義《ぎ》。汝《にょ》当《とう》諦《たい》聴《ちょう》、極《ごく》善《ぜん》作《さ》意《い》、吾《ご》今《こん》説《せっ》之《し》。金《こん》剛《ごう》手《しゅ》言《ごん》、如《にょ》是《ぜ》世《せ》尊《そん》、願《がん》楽《ぎょう》欲《よく》聞《もん》。仏《ふつ》言《ごん》菩《ぼ》提《だい》心《しん》為《い》因《いん》、大《だい》悲《ひ》為《い》根《こん》、方《ほう》便《べん》為《い》究《く》意《きょう》。

（後略）

（智慧は何を原因とし、何を根とし、何が究極的なものなのか）このように持金剛秘密主（菩薩の1人）が聞くと、大日如来は言った。

「よいかな、よいかな。あなたは私にこのように質問した。よく心を向けて聞くがよい。私はいまから、これについて説いてみせる」

金剛秘密主（菩薩の1人）は、こう言った。

「その通りであります。どうかお聞かせ願います」

大日如来は言った。

「悟りを求める心（菩提心）を原因として、大いなるあわれみ（大悲）を根とし、手段（方便）を究極的なものとするのである」

（後略）

【空海が秘密にしたお経】

『理趣経』

りしゅきょう

NO.5

欲望を認めるお経

『理趣経』は、もともと「大般若経」のなかのお経の1つでした。「大般若経」の「理趣分」という章を切り出し、説法する仏を毘盧遮那仏（大日如来）にするなど密教独自の編集を加えたのが『理趣経』です。漢訳だけでも7本あるとされ、日本では不空《ふくう》の漢訳が一般的です。

『理趣経』は、**人間の弱点である欲望を積極的に認めていることが最大の特色**です。

全体は17段にわけられ、このうち第1段では、男女の恋愛関係のプロセスを17の項欲望を肯定する宗派？

理趣経＝人間の持つ欲望は
本質的に汚れのないものと説く

「一切法自性清浄」
人間は本質的に汚れのない存在であり、今は偶然に汚れているにすぎない

ただし

欲望があっていい（汚れていていい）のではなく、あくまで「悟り」の境地を目指すことが目的

目でかなり大胆に分析しています（十七条清浄句）。最初に「性行為の快楽が清らかな境地、菩薩の境地である」と述べていますが、これは文字通り、「性行為によって悟りの境地が得られる」というわけではありません。「十七条清浄句」の最後に、「一切の法は清浄である」とあります。**すべてのものは汚れがないのだから、性欲も汚れていない。だから性欲は否定されないし、肯定してよい**ということになります。つまり、性欲という極端な例をあげることで、あらゆる欲望も本質的に汚れのないものだと説いているのです。これを**「一切《いっさい》法《ほう》自性《じしょう》清浄《せいじょう》」**といいます。

第17段では、金剛薩埵《こんごうさった》（金剛菩薩）とそれを取り囲む欲・触・愛・慢の四明妃（あわせて五秘密尊《ごひみつ》）によって、あらゆるものを絶対肯定する世界（大楽三昧の世界）が説かれています。

第17段のラスト100文字（「百字の偈《げ》」）では、なぜこの悟りの真実の智慧を実践すれば、絶対的境地に至れるのかを説いています。

『理趣経』は、単純に性欲を肯定していると勘違いされやすいです。ですから、『理趣経』の注釈書『理趣釈』を唐から持ち帰った空海は、最澄への貸し出しを事実上、断っています。それ以来、真言宗では秘密経典とされ、最近まで在家信者が読むことが禁じられていたのです。

ここでは第17段の「百字の偈《げ》」から結びまでのお経を掲載します。

『理趣経』

（前略）

菩《ほ》薩《さ》勝《しょう》恵《けい》者《しゃ》　乃《たい》至《し》尽《しん》生《せい》死《し》
恒《こう》作《さく》衆《しゅう》生《せい》利《り》　而《じ》不《ふ》趣《しゅ》涅《でっ》槃《ぱん》
般《はん》若《じゃ》及《きゅう》方《ほう》便《べん》　智《ち》度《と》悉《しっ》加《か》持《ち》
諸《しょ》法《ほう》及《きゅう》諸《しょ》有《ゆう》　一《いっ》切《せい》皆《かい》清《せい》浄《せい》
欲《よく》等《とう》調《ちょう》世《せい》間《かん》　令《れい》得《とく》　浄《せい》除《ちょ》故《こ》

『理趣経』

（前略）

永遠の求道者ですぐれた智慧のある者は、迷いの世界がなくならないかぎりそこにいて、たえず人々のためにはたらいて、涅槃におもむく気はない。

悟りの真実の智慧と悟りにいたる手段（方便）、それに不思議な力を加え、存在するあらゆるもの、生きとし生けるもののすべてを清らかにする。

欲望などによって世の人々を制御すれば、（罪や過ちを）清め取り除くことができる。

有《ゆう》頂《てい》及《ぎゅう》悪《あく》趣《しゅ》　調《ちょう》伏《ふく》尽《しん》諸《しょ》有《ゆう》
如《じょ》蓮《れん》体《てい》本《ほん》染《ぜん》　不《ふ》為《い》垢《こう》所《そう》染《ぜん》
諸《しょ》欲《よく》性《せい》亦《えき》然《ぜん》　不《ふ》染《ぜん》利《り》群《ぎん》生《せい》
大《たい》欲《よく》得《とく》清《せい》浄《せい》　大《たい》安《あん》楽《らく》富《ふう》饒《じょう》
三《さん》界《かい》得《とく》自《し》在《さい》　能《のう》作《さ》堅《けん》固《こ》利《り》
金《きん》剛《こう》手《しゅ》　若《じゃく》有《ゆう》聞《ぶん》此《し》　本《ほん》初《そ》般《はん》
若《じゃ》理《り》趣《しゅ》

この世の最上部（有頂天）から最下部（悪趣）まで、すべての迷いを説き伏せよう。

蓮の花が本来の色のままで、泥に汚されないように、

もろもろの欲望も本来は泥にそまらないで、人々の救いのためにはたらく。

大いなる欲望は清らかであり、大いなる安楽があって富み栄え、

あらゆる世界（欲望の世界・物質の世界・精神の世界）を思いのままにすることを得た者は、その救いを確実なものとする。

金剛秘密主（菩薩の1人）よ！　もしこの根本にして原初の悟りの智慧（般若理趣）を聞いて、日々朝早くこれを読みあげ、あるいは聞く

日日晨朝《じつじつしんちょう》　或誦或聴《こくしょうこくてい》　彼《ひ》
獲一切安楽悦意《かくいっせいあんらくえっち》
大楽金剛不空三昧《たいらきんこうふこうさんまい》　究竟悉《きゅうけいしっ》
地《ち》　現世獲得《げんせいかきとく》
一切法自在悦楽《いっせいほうしさいえいらく》　以十六《いしゅうりく》
大菩薩生《たいほさつせい》
得於如来《とくよじょらい》　執金剛位《しゅうきんこうい》　吽《うーん》

爾時一切如来《じしいっせいじょらい》
及持金剛菩薩摩訶薩等《きゅうちきんこうほさばかさとう》

……………………………………………………………………………………

ならば、その人はすべての安楽と喜びを得るだけでなく、大安楽にして金剛のように堅固で不滅不空の境地に達し、究極の誓いをなしとげることができるだろう。また、この世でなにものにもとらわれない自由自在な喜びと楽しみを得て、16の菩薩の功徳をも身につけ、大日如来の姿に近づき、金剛のような堅固な智慧をもつ者の地位を得るだろう。うん。

このとき、すべての如来と金剛杵《こんごうしょ》（金剛のように堅固な悟りの智慧を象徴する法具）をもつ

皆来集会《かいらいしゅかい》　欲令此法《よくれいしほう》
不空無礙《ふこうぶかい》　速成就故《そくせいしゅうこ》
咸共《かんきょう》　称賛《しょうさん》　金剛手言《きんこうしゅげん》
善哉善哉大薩埵《せんざいせんざいたいさった》
善哉善哉大安楽《せんざいせんざいたいあんらく》
善哉善哉摩訶衍《せんざいせんざいまかえん》
善哉善哉大智恵《せんざいせんざいたいちけい》
善能演説此法教《せんのうえんせいしはこう》
金剛修多羅加持《きんこうしゅうたらかち》
持此最勝教王者《ちしさいしょうこうおうしゃ》
一切諸魔不能壊《いっせいしょまふのうかい》

菩薩摩訶薩《ほさばかさ》たちは、この説法の場所に集まってきた。そして今まで説かれた教えを、形だけにならず、なにものにも邪魔されず、速やかになしとげようと、みんなはいっしょに金剛杵を手にする菩薩をほめたたえた。


すばらしい、すばらしい、偉大な金剛薩埵よ。

すばらしい、すばらしい、大いなる安楽よ。

すばらしい、すばらしい、大いなる教えよ。

すばらしい、すばらしい、大いなる智慧よ。


よくこの真理の教えを説いてくれ。

金剛のように堅固にして永遠不滅のお経の不可思議な力のはたらきを加えてくれたのである。

このもっともすぐれた教えを受けて記憶する者は、どんな悪魔も犯すことはできず、仏・菩

得《とく》仏《ふ》菩《ほ》薩《さ》最《さい》勝《しょう》位《い》
於《よ》諸《しょ》悉《しっ》地《ち》当《とう》不《ふ》久《きゅう》
一《いっ》切《せい》如《じょ》来《らい》及《きゅう》菩《ほ》薩《さ》
共《きょう》作《さく》如《じょ》是《し》勝《しょう》説《せつ》已《ち》
為《い》令《れい》持《ち》者《しゃ》悉《しっ》成《せい》就《しゅう》
皆《かい》大《たい》歓《かん》喜《ぎ》信《しん》受《しゅ》行《こう》
大《だい》楽《らく》金《こん》剛《ごう》不《ふ》空《くう》真《しん》実《じつ》三《さん》麼《ま》耶《や》
経《きょう》

（以下、日本のお経では毘《び》盧《る》遮《しゃ》那《な》仏《ぶつ》をたたえ、廻向文を唱えるのが一般的ですが、原文にはないので省略します）

薩の最高の地位を得て、さまざまな願いをすぐになしとげられるだろう。

このようにして、すべての如来や菩薩たちはともにこれらの優れた教えを説き終わり

この教えを受けて記憶する人たちが、すべてをなしとげるために

この教えを大いに喜んでうけとり、実践したのである。

大《だい》楽《らく》金《こん》剛《ごう》不《ふ》空《くう》真《しん》実《じつ》三《さん》麼《ま》耶《や》　経《きょう》

【ブッダの肉声が伝える４２３の人生訓】

『法句経』《ほっくきょう》

NO.6

明治以降に再評価された

『法句経（ダンマパダ）』は、初期のお経で、ブッダの肉声に近いものを伝えるといわれています。

原名の「ダンマ」は「法」や「教え」、「パダ」は「言葉」という意味です。国際的にも「ダンマパダ」という原名で知られています。

『法句経』の特徴は、**短い言葉でさまざまな人生訓が説かれている**ことです。セイロンにわたったパーリ語の原典では４２３の言葉が収められ、紀元後２２４年に漢訳さ

ブッダの肉声を伝える経典

法句経（ダンマパダ）＝人生訓に関するブッダの教えをとどめた言葉

なにごとも意志から生じる

千人の敵に勝つよりも一人の己に勝つ人が勇者である

励むことは生きる道である

真実を語り、けっして怒らず、他者に施しをする

出家者・在家者だけでなくあらゆる立場の人々に言及する

れた『法句経』では７５２の言葉に増幅されました。

日本には比較的早くもたらされ、奈良時代には写経も行われていました。しかし、日本では日常の人生訓を説いた教えは「小乗」として軽んじられ、「空」のような哲学的な理論を説いた大乗仏教のほうが上等とされ、好まれました。

『法句経』が見直されたのは明治以降です。西洋で研究されていたパーリ語の原典が日本語に翻訳されたことにはじまり、１９３４（昭和９）年にはＮＨＫで仏教学者・**友松圓諦**《ともまつえんたい》の「法句経講義」が全国放送され広く親しまれるようになりました。

ブッダ一人の語り下ろし

『法句経』は、ブッダが自分の考えを一方的に説く形式で、**聞き手の弟子は存在しません**。たった一度だけ「アッラよ」と呼びかけています（ブッダのいとこ・提婆達多《だいばだった》とされる）。一度は弟子になるものの、裏切ってブッダ殺害を企てた人物です。

『法句経』では、出家者や在家者のことばかりではなく、大工や花屋、銀細工師、治水工などのことも幅広く言及し、若い男女の恋愛についても語っています。とてもシンプルな言葉で一見平凡に見えるのですが、読めば読むほど深い味わいがあります。

2000年以上前の言葉なのに、今日でも十分に心に響く真理があります。

ここでは、423の言葉から厳選して掲載します。お経は、荻原雲来《おぎわらうんらい》が1935（昭和10）年にパーリ語の原典から邦訳したものを掲載します。

『法句経』

一

諸事意を以て先とし、意を主とし、意より成る、人若し穢れたる意を以て語り、又は働く時は其がために苦の彼に随《したが》ふこと猶《な》ほ車輪の此《これ》を牽《ひ》くものに随《したが》ふが如し。

『法句経』

一

あらゆる物事は、まず先に意志がある。意志が主人であって、なにごとも意志から生じるのである。だから、もし不純な意志をもって語ったり、行うならば、やがて苦しみは自分自身に返ってくる。まるで車をひく者についてくる車輪のように。

二一
不放逸《ふほういつ》は不死に到り、放逸《ほういつ》は死に到る、不放逸の者は死せず、放逸の者は死せるに同じ。

六三
愚者にして（己《おの》れ）愚なりと想ふは已《すで》に賢なり、愚にして（己れ）賢なりと想ふ人こそ實《じつ》に愚と謂《い》はる。

二一
励むことは生きる道である。なにもせずのん気にすごすことは死にいたる道である。したがって、励む人は死ぬことはない。のん気にすごす人は、生きていても死んでいるのと同じである。

六三
愚かな者でも、自分を愚かだと思っているならば、少なくともその点においては賢いといえる。しかし、愚かな者が自分を賢いと思い誤っているならば、本当に愚か者である。

一〇三
戰場に於《おい》て千々の敵に克《か》つよりも、一の己に克つ人こそ實に戰士中の最上と云《い》ふべけれ。

一九一
苦と、苦の起と、又苦の滅と、又苦盡《くじん》に至る八支の聖道。

一〇三
戦場で千度、一千の敵兵に勝つ人よりも、ただ一人、自分自身に勝つ人のほうが勇敢な勝者である。

一九一
人生は苦しみであること、その苦しみは煩悩によって集められること、煩悩を消滅させれば苦しみから解放されること、それには正しい八種の修行方法があること、これらが四つの真理(四諦)である。

一九二
此の帰依《きえ》は勝なり、此の帰依は尊なり、此の帰依に因《よ》つて能《よ》く衆苦を解脱す。

一九七
怨《おん》の中に処《よっ》て悩《いきどお》らず、極めて楽しく生を過さん、怨ある人の中に処て怨なく住せん。

一九二
四諦を観察すれば、この仏法に帰依することは当然であり、最上のものである。したがって、仏法に帰依することですべての苦しみから逃れることができる。

一九七
自分を怨む人々のなかにあって怨むことなく、極めて楽しく生活する。自分を憎む人々のなかにあって、心に憎しみなく住居する。

二一二

愛より憂を生じ、愛より畏を生ず、愛を離れたる人に憂なし、何の處にか畏あらん。

二二四

實を語れ、忿《いか》る勿《なか》れ、乞はるゝときは（己の物）少なしと雖《いえど》も之を與《あた》へよ、此の三事によりて天處に往くを

二一二

愛することから悩みが生まれ、愛することから怖れが生まれる。愛することから解放された人にはもはや悩みがない。怖れもない。

二二四

真実を語る。決して怒らない。もし求められればほんの少しでも施しをする。この3つによって、天に行くことができる。

得ん。

二七七
總《すべ》て造作《ぞうさ》せられたる物は無常なり、と、慧にて知るときは是に由って苦を厭《いと》ふ、是れ浄に到る道なり。

二九〇
微劣なる樂を棄てたるがため廣大なる樂を得るものと

二七七
「すべて作られたものは、永遠に変わらないということはない」（諸行無常）ということがわかれば、この世の苦しみがわずらわしくなる。これが、清らかな生き方にいたる道である。

二九〇
もしも小さな幸福をすてることで、大きな幸福を見ることができるなら、大きな幸福を見るためにその小さな幸福をすてる。これが賢い人せば、賢人は廣大の樂を見て微劣の樂を棄つるべし。

三四二

渇愛に驅使せらるゝ人は兎の罝《わな》に係つて走るが如し、結と著とに縛せられて數《しば》しば長時の苦を受く。

である。

三四二

欲望の享楽に束縛された人は、罠にかかってあえぎ動くウサギのように苦しみにしばられる。次の生涯も、また次の生涯も永遠にその苦しみを味わう。

【直弟子が暗誦して伝えたブッダ最古の教え】

『経集《きょうしゅう》』

NO.7

短いお経の集まり

『スッタニパータ』というお経は、日本では『経集』と呼ばれます。「スッタ＝経」「ニパータ＝集」という意味で、**短いお経がテーマごとに集められています**。全体は「蛇の章」「小なる章」「大いなる章」・「8つの詩句の章」「彼岸に至る道の章」という5つの章からなります。

『経集』は、もっとも初期にできたお経です。直弟子たちがブッダの言葉を詩のように暗誦したものがもとになっており、その言葉は、韻を踏んだリズミカルなものです。

ブッダの最古の教え

**経集＝ブッダの言葉を
詩のように暗唱したもの**

・詩的でリズミカル
・出家の修行僧に向けた心得やあるべき姿を説く
・当時の生活の様子も垣間見える

200 ～ 300 年かけて徐々にできたもの

それがあとの時代になって、パーリ語のテキストになりました。仏教を保護したアショーカ王の時代（紀元前3世紀）には人々に広く親しまれていたと考えられています。

サイの角のように、ただひとり歩め

『法句経』も同じく初期にできたお経ですが、『経集』は基本的に**出家の修行僧を対象とし、心得やあるべき姿を説いています**。ただしそのなかにも、いまの私たちに訴えかける言葉が多数あります。

また面白いのは、仏教教団として大規

模に発展する以前のお経であることです。修行僧はブッダの時代のように樹木のもとや洞窟のなかで瞑想し、とても簡素な生活の様子が伝わってきます。

「蛇の章」では、**「サイの角《つの》のように、ただひとり歩め」**という有名な文句で終わるお経がならぶところがあります。これは「修行者は孤独に打ち勝ってひとり進め」という戒めの言葉となっています。

また、インド古来のバラモン（最上階級の僧侶）になる心得についても述べていま す。これを見るかぎり、ブッダは既存のバラモン教の枠のなかで真の道を模索していたことがうかがえます。

「8つの詩句の章」「彼岸に至る道の章」はもっとも古く、ブッダの肉声に近い言葉が含まれていると考えられています。

『経集』の全体の漢訳は存在しないので、日本語訳のみでいくつかのお経を掲載します。

第1章 蛇の章

1 修行者（比丘《びく》）は、蛇の毒が身体のすみずみに広がるのを薬でおさえるように、怒りをおさえる。そして、この世を捨て去る。まるで蛇が脱皮して旧い皮を捨て去るようなものである。

36 人との交流から愛情が生じる。愛情によって苦しみが生じる。愛情から禍いが生じる。このことをよく考え、サイの角のように、ただひとり歩みなさい。

39 林のなかでしばられることなく食物を求めて動き回るシカのように、聡明な人は独立と自由をめざして、サイの角のように、ただひとり歩みなさい。

75 いまの人々は自分の利益のために人と交流し、他人に奉仕する。だから、利益を求めない友人は貴重である。自分の利益のことしか考えない人間は、きたならしい。サイの角のように、ただひとり歩みなさい。

102 おびただしい富があり、黄金があり、食べ物がある人がいる。1人でおいしいものを食べるならば、これは破滅への入り口である。

106 女におぼれ、酒にひたり、賭博にふけり、いくら手に入れても、手に入れただけ失っていく人がいる。これは破滅への入り口である。

１１０　賢い人は、世の中にはさまざまな破滅があることを学ぶ。そして、真理を見て、幸せな世界を得ることができる。

１２４　自分が裕福であるのに、年老いて衰えた母や父を養わない人は、いやしい人であると知りなさい。

１３６　生まれによってバラモンとなるのか、ならないのかが決まるのではない。行為によってバラモンとなるのか、ならないのかが決まるのである。

１４３　究極の理想を知っている人は、平安の境地にいたるために次のようなことを行う。能力を高め、素直で、正しく、やさしい言葉をかけ、おだやかで、思い上がることがない。

１４５　すべての生きとし生けるものが幸福であれ。おだやかであれ。やすらかであれ。

１４９　母親が自分のただ1人の子供を命をかけて護るように、すべての生きとし生けるものにできるかぎりの慈しみの心をかけるべきである。

１８３　人はいかにして激流を渡るのか？　いかにして海を渡るのか？　いかに

して苦しみを乗り越えるのか？　いかにして清らかな心となるのか？

184　人は信仰によって激流を渡る。勤勉によって海を渡る。勤勉によって苦しみを乗り越える。智慧によって清らかな心となる。

207　安住することから恐れが生じ、家庭生活から塵《ちり》が生じる。安住することなく、家庭生活がないならば、これが聖者の悟りとなる。

第2章　小なる章

261　深い学識があり、技術を身につけ、身をつつしみ、正しい言葉を使う。これがこのうえない幸せである。

262　父母につかえること、妻子を愛し、護ること、仕事を秩序よく行い混乱しないこと。これがこのうえない幸せである。

265　尊敬と謙遜、満足と感謝、そして教えを学ぶこと。これがこのうえない幸せである。

第3章　大なる章

462　生まれを問うことはない。行いを問いなさい。火はあらゆる薪から生ずる。貧しい家に生まれても、聖者として正しい道を行い、恥を知ってつつしむならば、尊い人となる。

584　人が死ぬと、みずからを害し、身体はやせて、みにくくなる。そうしたからといって、死んだ人はどうにもならない。嘆き悲しむのは無益である。

585　人が悲しむのをやめないならば、ますます苦悩が深まるばかりである。死んだ人のことを嘆くのは、悲しみにとらわれてしまっているからだ。

第4章　8つの詩句

768　足で蛇の頭をふまないように気をつけるのと同じで、いろいろな欲望を回避するように気をつける人は、この世での執着を乗り越えることができる。

806　人が「これは私のもの」と考えるものは、死によって失われる。私にしたがう人は、賢くこの道理を知って、「私のもの」という観念に屈してはならない。

924　食べ物や飲み物、衣服を得ても、それを蓄えてはならない。また、それらが得られないからといって心配してはならない。

926　眠ってばかりいてはいけない。熱心に励み、目覚めているべきである。ものぐさと偽り、談笑と遊び、性欲と華美を捨てよ。

944 古いものを喜んではならない。新しいものに魅了されてはならない。滅びゆくものを悲しんではならない。執着をすてなければならない。

973 他人から言葉で忠告されたときは、心を落ち着けて感謝しなさい。ともに修行する人への敵対的な心を断ちなさい。よい言葉を発しなさい。その場にふさわしくない言葉を発してはいけません。人々を悪く思ってはいけません。

【在家信者が出家信者を打ち負かす物語】

『維摩経』

ゆいまぎょう

NO.8

維摩にブッダの弟子・文殊が挑む

『維摩経』は、「般若経」についであらわれた大乗仏教初期のお経です。４０６年に鳩摩羅什が『維摩詰所説経《ゆいまきつしょせつきょう》』という題名で漢訳しました。

『維摩経』は物語風のお経で、主人公は維摩という在家信者です。維摩は在家信者でありながら出家の仏弟子たちとの問答で、彼らを次々と打ち負かしていきます。つまりこのお経は、**「在家主義の大乗仏教が、出家主義の小乗仏教よりも優れている」と示す**ことが狙いとなっています。

あるとき維摩は病気にかかりました。だれも見舞いに行きたがらないなか、ブッダの弟子のなかで一番の智慧者とされる文殊《もんじゅ》が手をあげ、ほかの弟子たちを率いて維摩の家をたずねました。

文殊が、なぜ病気になったのかをたずねると、維摩は「人々が病んでいるから、私も病んでいる」と答えます。つまり、「さまざまな悩みに苦しむ人々の心の悩みを思いめぐらして、菩薩である維摩も病んでいる」ということです。

ここに、「慈悲の心をもって他者を助ける」という大乗仏教の精神があらわれています。

有名な「不二の法門」の沈黙シーン

『維摩経』でとくに有名なシーンが、「不二《ふに》の法門（教え）」をめぐる問答です。「不二の法門に入る（対立するものが実は1つであることを発見することから仏法に入る）とは何か」という維摩の問いに、ブッダの弟子たちがそれぞれ考えを述べます。最後に文殊が、「それは言葉で説明できない。あらゆる問答を離れている」と答えま

大乗仏教の教えをストーリーで伝える

維摩経 ＝在家主義の大乗仏教がすぐれていると示す経典

維摩の沈黙

問：「不二の法門」とはどういうことか

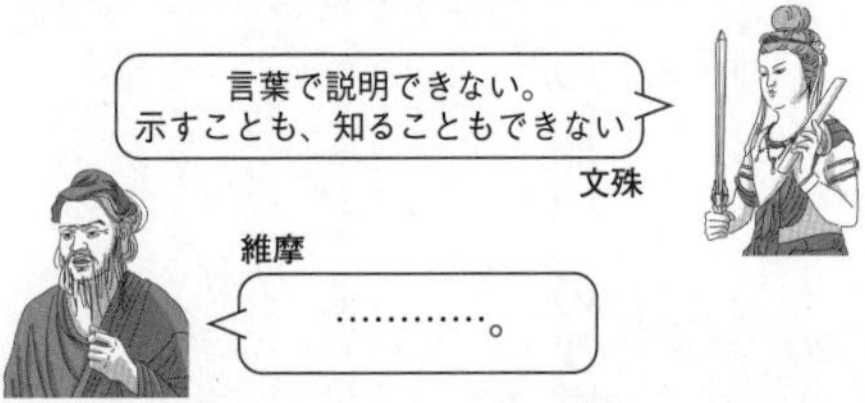
言葉で説明できない。
示すことも、知ることもできない
文殊
維摩
…………。

文字も言葉も存在しないところに「不二の法門」がある

す。そして維摩に意見を求めると、彼は、なにも答えずただ押し黙ってしまいました。

これを見た弟子たちは、文殊が議論に勝ったと思いましたが、文殊は維摩の沈黙の意味をさとり、「すばらしい。これがまさに不二の法門に入ることである」と感嘆しました。**維摩は不二の法門という命題に沈黙を保つことで、その真髄を表現したのです。**これは「維摩の沈黙」といわれています。

文殊師利問疾品《もんじゅしりもんしっぽん》 第五

（中略）

維摩詰《ゆいまきつ》言わく。

「癡《ち》に従《よ》りて、愛有れば、すなわち我が病生ず。一切の衆生病むを以っての故に、我病む。もし一切の衆生の病滅すれば、すなわち我が病も滅す。所以《ゆえん》は何となれば、菩薩は、衆生の為の故に、生死に入る。生死有れば、すなわち病有り。もし衆生、病を離るることを得ば、すなわち菩薩また病むこと無からん。

第5章 文殊は維摩の病を問う

（中略）

（文殊は、維摩になぜ病になったのかを問うと）維摩は言った。

「心の迷いを振り払うことができず、そこで私の病が生じた。人々が病んでいるから、私も病んでいる。もしも人々の病がなくなれば、私の病もなくなるだろう。なぜかというと、菩薩は人々のために生死を繰り返している。生死があれば、そこには病もある。もしも人々が病から離れることができれば菩薩もまた病がなくなる。

譬《たと》えば、長者に、ただ一子のみ有りて、その子病を得ば、父母もまた病み、もし子の病癒えなば、父母もまた癒えんが如し。菩薩もかくの如し。諸の衆生に於いて、これを愛すること子の若し。衆生病めば、すなわち菩薩病み、衆生の病癒ゆれば、菩薩もまた癒ゆ。また、『この疾は、何の因起する所ぞ』と言えるには、菩薩の病は、大悲を以って起こる」と。

文殊師利《もんじゅしり》言わく。

「居士、この室は、何を以ってか

たとえて言うならば、ある長者にただ1人の子供がいたとして、その子供が病になれば父母もまた病になり、もしも子供の病が治れば父母の病も治るようなものだ。菩薩もそのようなものなのだ。人々を愛することは、子供を愛することと同じなのである。人々が病になれば、菩薩もまた病になり、人々の病が治れば、菩薩の病も治る。

また、なぜ病になったのか、について答えるとするならば、菩薩の病は大悲（偉大なあわれみ）から生じるものなのである」

文殊が言う。「この部屋が空（空っぽ）で、つとめの者もいないのは、どうしてか？」

空にして侍者無き」

維摩詰言わく。

「諸仏の国土も、またまた皆空なり」

また問う。

「何を以ってか空と為す」

答う。

「空なるを以って空なり」

また問う。

「空に何ぞ空を用うる」

答えて曰く。

「無分別の空を以っての故に空なり」

また問う。


維摩は言う。

「仏たちの国土もまた、ここと同じようにみな空（空っぽ）だ」

文殊が言う。

「空というのはどういうことか?」

維摩は答える。

「空だから空なのだ」

文殊が言う。

「空であることを説明するのに、なぜ空を用いるのか?」

維摩は答える。

「空を用いて説明したのではなく、説明できないことが空なのだ」

文殊が言う。

「空は分別すべきや」

答えて曰く。

「分別もまた空なり」

また問う。

「空は、まさに何に於いてか求むべき」

答えて曰く。

「まさに六十二見の中に於いて求むべし」

また問う。

「六十二見は、まさに何に於いて求むべし」

答えて曰く。

「まさに諸仏の解脱の中に於いて

「空は説明できるか?」

維摩は答える。

「説明することも空である」

文殊が言う。

「空はどこにあるのか?」

維摩は答える。

「(仏教の立場から見た)62の誤った見解のうちにある」

文殊が言う。

「62の見解はどこにあるのか?」

維摩は答える。

「仏たちの解脱のうちにある」

求むべし」

また問う。

「諸仏の解脱は、まさに何に於いて求むべし」

答えて曰く。

「まさに一切の衆生の心の行《ぎょう》の中に於いて求むべし。また仁《なんじ》の問う所の、『何ぞ侍者無きや』とは、一切の衆魔、および諸の外道、皆、吾が侍なり。所以は何となれば、衆魔は生死を楽《ねが》い、菩薩は生死に於いて、しかも捨てず。外道は諸見を楽い、菩薩は諸見に於いて、しかも動ぜず」（中略）

文殊が言う。

「仏たちの解脱はどこにあるのか？」

維摩は答える。「それは人々の心のはたらきのうちにある。

また、あなたは『つとめの者がいないのはどうしてか』とたずねたが、すべての悪魔と外道が私のつとめの者である。

なぜかというと、すべての悪魔は生死を願っているが、菩薩も生死を離れない。

外道はよこしまな考えを楽しみ、菩薩もよこしまな考えに動じることがないからだ」

（中略）

入不二法門品《にゅうふにほうもんぼん》　第九

その時、維摩詰、衆の菩薩に謂《い》って言わく。

「諸仁者、云何が菩薩は不二法門《ふにほうもん》に入る。各々楽《ねが》う所に随って、これを説け」

会中の有る菩薩、法自在《ほうじざい》と名づくるもの、説いて言わく。

「諸仁者、生滅を二と為す。法は本より不生なれば、今すなわち滅することと無し。この無生法忍《むしょうぼうにん》を得ること、これを不二法門に入ると為す」

第9章　不二の法門に入ることを説く

そのとき維摩は、菩薩たちに言った。

「みなさん。菩薩が『不二の法門に入る』（対立するものが実は1つであることを発見することから仏法に入る）というのはどういうことか、それぞれ好きなように説いてみなさい」

そこに集まった菩薩たちのなかで、法自《ほうじ》在《ざい》という菩薩が説いた。「みなさん。生と滅は2つに対立したものである。ところが、ものは本来、生じるということがない。ですから、滅することもない。このように、生じることがないという認識を得ることが、不二の法門に入ることである」

徳守菩薩曰く。

「我と我所とを二と為す。我有るに因るが故に、すなわち我所有り。もし我有ること無ければ、すなわち我所も有ること無し。これを不二法門に入ると為す」と。

（中略）

かくの如く、諸の菩薩は、各々説きおわりて、文殊師利に問わく。「何等かこれ菩薩、不二法門に入る」と。

徳守菩薩が言った。

「『我《われ》』と『我がもの』は2つに対立したものである。『我』があるから『我がもの』がある。もしも『我』がないならば、『我がもの』もない。これが不二の法門に入ることである」

（中略）

このように、菩薩たちがそれぞれ説き終わってから、文殊に問う。「菩薩が不二の法門に入るというのは、どういうことか？」

文殊師利曰く。「我が意の如きは、一切の法に於いて、言うこと無く、説くこと無く、示すこと無く、識ること無し。諸の問答を離るる、これを不二法門に入ると為す」と。

ここに於いて文殊師利、維摩詰に問わく。「我等、おのおの自ら説きおわりぬ。仁者、まさに説くべし。何等かこれ菩薩、不二法門に入る」と。

時に維摩詰黙然として言無し。

文殊は答えた。「私が思うに、あらゆる物事は言葉で説明できない。示すことも、知ることもできない。あらゆる問答を離れている。これが不二の法門に入ることである」

そこで文殊は維摩に問う。「私たちはすでにそれぞれ自説を述べた。次はあなたの番です。菩薩が不二の法門に入るというのは、どういうことか?」

そう問われても、維摩は黙ったままで言葉がない。

文殊師利歎じて曰く。「善哉善哉、すなわち文字言語の有ること無きに至る。これ真の不二法門なり」と。

この不二法門品を説く時、この衆中に於いて五千の菩薩、皆不二法門に入りて無生法忍を得たり。

（後略）

するると文殊が感嘆して言った。「すばらしい、すばらしい。文字も言葉も存在しない。これがまさに不二の法門に入るということである」

この不二の法門に入るということを説いたとき、この場において五千の菩薩がみな不二の法門に入り、生じることがないということの認識を得た。

（後略）

【ブッダの入滅のときを伝えるお経】

『涅槃経』

ねはんぎょう

NO.9

小乗系と大乗系の２種類がある

『涅槃経』は、正しくは『大般涅槃経《だいはつねはんぎょう》』といいます。

「大般」は「完全に」、「涅槃」とは火が吹き消された状態を意味し、つまりこのお経は、**「ブッダの完全なる入滅の様子」**を描いています。

ブッダの死にさいし、それまでまったく語られなかった秘密の教えが菩薩たちとの問答のなかで解き明かされるという構造になっています。

注意したいのは、**『涅槃経』には大きく2種類がある**ことです。１つは、南伝のパー

ブッダの入滅を描く涅槃業

大般涅槃経 ＝ブッダの完全なる入滅を描く

大乗涅槃経		原始涅槃経
紀元後の創作	経典の成立	紀元前の仏典結集
描写なし	入滅前	キノコ料理で食中毒 死が早まる
大勢に見送られる 壮大なもの	臨終	数人の弟子のみ ひっそりしたもの
死はあくまで方便 生き続けている	入滅後	火葬ののち 遺骨を仏塔にまつる
常楽我浄 悉有仏性	仏の教え	描写なし？

リ語「大蔵経」に収められた小乗仏教の**『原始涅槃経』**と呼ばれるもの。もう1つは、北伝の漢訳「大蔵経」などに収められた大乗仏教の**『大乗涅槃経』**と呼ばれるものです。この『原始涅槃経』と『大乗涅槃経』とでは、**内容にかなりの違いがあります**。

死の原因はキノコ料理⁉

たとえば、『原始涅槃経』では入滅が近いことを悟ったブッダは、鍛冶屋の青年チュンダが供したキノコ料理が原因で食中毒を起こし、死を早めたと記されています。しかし、『大乗涅槃経』では入滅する2月15日からいきなり話がはじまっていて、死の原因については記されていません。

また『大乗涅槃経』ではブッダが臨終をむかえる場面が壮大で、出家者や菩薩など膨大な数の人たちが集まって死をいたみますが、『原始涅槃経』では、臨終の場にいるのは阿難など数人の弟子たちだけでひっそりとした描写になっています。

そして『原始涅槃経』ではブッダの遺骸は火葬され、それをまつるストゥーパ（仏《ぶっ》塔《とう》）を建てたと記されていますが、『大乗涅槃経』ではブッダは死んだのではなく、現在も生きつづけているという設定になっています（仏身常住）。大乗仏教の基本の教えのとおり、ブッダの死はあくまで方便であったと伝えているのです。

ここでは日本で親しまれている『大乗涅槃経』のお経を掲載しましょう。

『大般涅槃経』　壽命品第一

是《かく》の如きを我聞きき。

一時《ひととき》、佛、拘尸那城《くしなじょう》、力士生地《りきししょうじ》、阿夷羅跋提河《あいらばつだいが》の邊《ほとり》、娑羅雙樹《しゃらそうじゅ》の間に在《おわ》したまふ。

爾《そ》の時に世尊《せそん》、大比丘《だいびく》八十億百千人と倶《とも》なり。前後圍繞《ぜんごいにょう》せり。


二月十五日、涅槃に臨みたまふ時、佛の神力《じんりき》を以って大音聲《だいおんじょう》を出したまふ。其の聲《こえ》法界に遍滿《へんまん》して乃《すなわ》ち、有頂《うちょう》に至る。其の類音《るいおん》に隨《したが》ひて普《あまね》

『大般涅槃経』第一章　壽命品

私はこのように聞いている。

あるときブッダは、マッラ族の故郷クシナーラーの国のアイラヴァティー河畔の沙羅双樹のもとでおがんでおられた。

ブッダの周りには80億以上の出家者たちが囲んで座っていた。


それは2月15日、つまり入滅された日のことで、ブッダはたいへん力強い大きな声をだされた。その声は世界の隅々まであまねくとどろき、有頂天まで達したほどで、

く衆生に告ぐらく。

「今日、如來、應供《おうぐ》、正遍知《しょうへんち》、衆生を憐憫《れんみん》し衆生を覆護《ふご》し、等しく衆生を視《み》たまふこと羅侯羅《らごら》の如し。爲《ため》に歸依《きえ》と作《な》り世間《せけん》の舎《しゃ》と爲《な》りたまふ。大覺世尊《だいかくせそん》、將《まさ》に涅槃したまはんと欲す。一切衆生若《も》し疑ふ所有《あ》らば、今悉《ことごと》く問ふべし。最後の問と爲《な》せよ」

爾《そ》の時に世尊《せそん》、晨朝《じんぢょう》の時に於《おい》て、

人々がそれぞれにわかる言葉でこう告げた。

「人々を悲しみあわれみ、護り、すべての人を自分のひとり子・羅睺羅《らごら》と同じように見て、人々から慕われ、帰依されている。ブッダは、今日やがて涅槃に入るであろう。もし疑問のある者は、いまのうちに質問せよ。最後の質問となるだろう」

ブッダは、その日の早朝、口からこの世

其の面門《めんもん》より種種《しゅじゅ》の光を放ちたまふ。

其の（光《こう》）明雑色《みょうざっしき》にして、青《しょう》、黄《おう》、赤《しゃく》、白《びゃく》、頗梨《はり》、馬瑙《めのう》なり。光遍《ひかりあまね》く此《こ》の三千大千《さんぜんだいせん》の佛の世界を照したまふ。乃至十方《ないしじっぽう》も亦復《またまたかく》是の如し。其の中の有らゆる六趣《ろくしゅ》の衆生の、斯《こ》の光に遇《あ》ふ者、罪垢煩悩《ざいくぼんのう》一切消除す。

是《こ》の諸《もろもろ》の衆生、是《これ》を見聞《けんもん》し已《おわ》りて心大いに憂悩《うのう》し、同時に聲《こえ》を擧《あ》げて悲號啼哭《ひごうたいこく》すらく。

界のあらゆる方向に美しい無数の光を放ち、その光によって、六道で生死を繰り返し苦しむ人々の罪によるけがれや煩悩をたちどころに消し去った。

この世界のすべての人々はこの様子を見聞きして、ブッダの入滅をたいへん嘆き悲しみ、同時に声をあげて泣き出した。

「嗚呼《ああ》慈父《じふ》、痛《いたま》しき哉苦《かな》しき哉《かな》」手を擧《あ》げて頭《こうべ》を拍《う》ち、胸を椎《う》ちて大いに叫ぶ。其の中、或《あるい》は身《しん》體戰慄《だいせんりつ》し、涕泣哽咽《たいきゅうこういん》するもの有り。爾《そ》の時に大地、諸山《しょせん》、大海皆《だいかいみな》悉《ことごと》く震動す。

時に諸《もろもろ》の衆生、共に相謂《あいい》つて言はく。

「且《しばら》く各《おのおの》裁抑《さいおく》して、大いに愁苦《しゅうく》すること莫《なか》れ。當《まさ》に共に疾《と》く、拘尸《くし》那城《なじょう》の力士《りきし》生處《しょうしょ》に往詣《おうけい》し、如來の所《みもと》に至りて頭面禮敬《ずめんらいきょう》し、如來般《はっ》

「ああ、慈父よ、なんと痛ましい、苦しいことであろうか」

人々は手をあげ、頭をたたき、胸をうって泣き叫び、あるいは身を震わせてわななないた。大地もまた、山や海までもが悲しみでふるえた。

そのとき人々は互いに語り合った。

「みなさん、嘆いてばかりはいられない。いそいでクシナーラーに行き、ブッダにお願いしよう。どうか涅槃に入らないようにと。せめてあと100年、100年だけでもこの世にとどまるようにと」

涅槃《ねはん》したまふこと莫《な》く、世に住《じゅう》すること一劫若《いっこうもし》は減一劫《げんいちこう》なりたまへと勸請《かんじょう》すべし」

互相《たがい》に手を執り、復是《またこ》の言《ことば》を作《な》さく。
「世間は虚空《こくう》となり、衆生は福盡《ふくつ》き、不善の諸業増長《しょごうぞうじょう》して世に出でん。仁者《にんじゃ》、今當《いままさ》に速かに往《ゆ》き、速かに往《ゆ》くべし。如來久しからずして必ず涅槃に入りたまはん」

さらに彼らは口々に声をかけあった。
「ああ、この世の中はうつろだ。私たちの幸福ももはやつきた。これからは、悪いことばかりが世の中にはびこるだろう。みなさん、すぐにクシナーラーに行くべきだ。ブッダが涅槃に入ろうとしている」

又、是《こ》の言《ことば》を作《な》さく。

「世間は虚空《こくう》となり、世間は虚空《こくう》となれり。我等今より救護《くご》有《あ》ること無く、宗仰《しゅうごう》する所無し。貧窮孤《びんぐこ》露《ろ》にして、一旦無上世尊《むじょうせそん》に遠離《おんり》せば、設《も》し疑惑《ぎわく》有《あ》らんとき、當《まさ》に復《また》誰にか問ふべき」

（後略）


また、こう言った。

「世の中はうつろだ。世の中はむなしい。私たちはこれからたよるべき人もなく、一家の柱としてあおぐ人もなくなり、身寄りのない哀れな者となってしまう。ひとたびブッダが亡くなられたら、誰に疑問を尋ねたらよいのだろうか」

（後略）

【42の教えを厳選したお経のダイジェスト版】

『四十二章経』

しじゅうにしょうぎょう

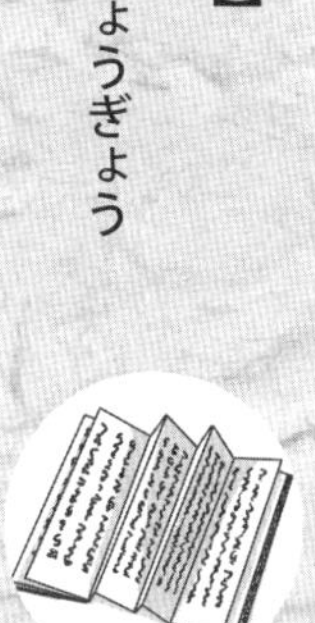

NO.10

中国で最初のお経か⁉

『四十二章経』は、その名の通り42章からなるお経です。出家者に向けて無常や無我といった仏教の根本の教えから日常的に実践すべきことまで、たとえ話を交えてわかりやすく説いています。

このお経は、いつ、だれが、どこでまとめたのかという成立がはっきりしません。

『出三蔵《しゅつさんぞう》記《き》集《しゅう》』や『歴代三宝《れきだいさんぽう》紀《き》』、『高麗大蔵経《こうらいだいぞうきょう》』に収められたこのお経自身のなかには、後漢時代の紀元67年、中インドの迦葉摩騰《かしょうまとう》と竺法蘭《じくほうらん》の2人が中国にもたらし、洛陽の中国最初のお寺・白馬寺《はくばじ》で漢訳したと記されています。これが正しいとすると、『四十二章経』は中国で最初に紹介されたお経となります。

しかし、日本の学者らの研究によると、『四十二章経』ができたのは5世紀頃という説が有力になっています。**中国において、当時すでに漢訳されていたいくつかのお経のなかから重要なものを厳選し、編集した**と考えられています。つまり、お経のダイジェスト版ということです。

このお経は体系的に整理されておらず、同じようなテーマを繰り返しているところも見られます。

禅宗の初学者向けテキストに

『四十二章経』は、中国で8世紀頃に成立した禅宗で重んじられました。中国曹洞宗の大洪守遂《だいこうしゅすい》は、1125年、禅宗で特に重要な3つのテキスト（『仏祖三経』）として『仏遺教経《ぶつゆいきょうぎょう》』『為山警策《いさんけいさく》』とともに、『四十二章経』を選びました。

『四十二章経』は禅宗のなかでは初学者のテキストとして愛用され、かなり頻繁に読

42章からなるお経のダイジェスト

四十二章経＝仏教の教えから日常の指針までを説いたお経

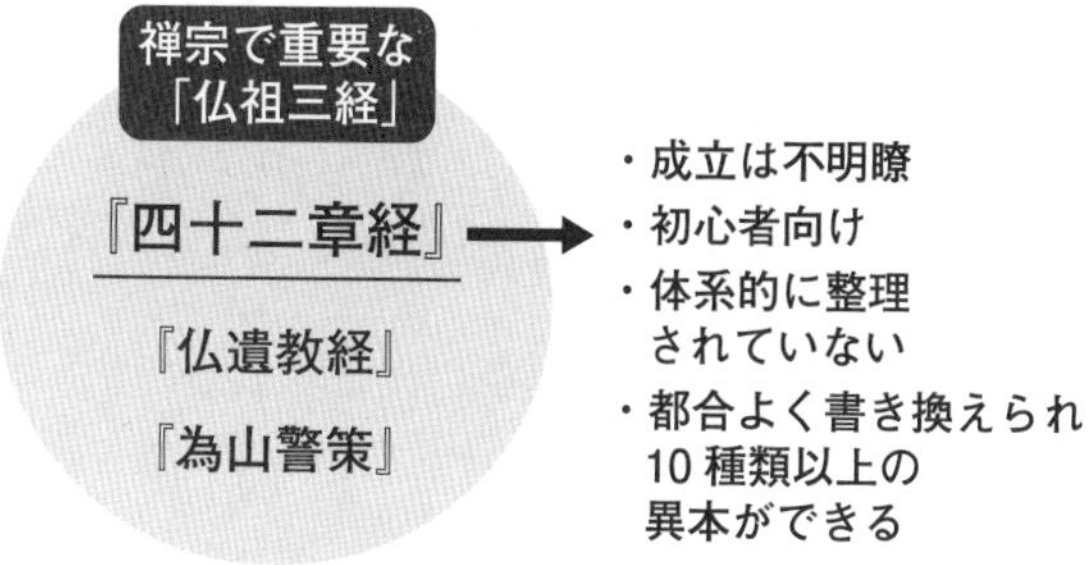
禅宗で重要な
「仏祖三経」
『四十二章経』
『仏遺教経』
『為山警策』
・成立は不明瞭
・初心者向け
・体系的に整理されていない
・都合よく書き換えられ10種類以上の異本ができる

まれました。そのため、自分たちに都合よく書きかえられることがあったようで、10種類以上の異本ができたといわれます。『高麗大蔵経』に収められた『四十二章経』はもっとも原形に近いといわれていますが、禅宗系の『宝林伝』に収められた『四十二章経』などと比べると、かなりの違いが見てとれます。

ここでは守遂が『仏祖三経』に収めた守遂版『四十二章経』を掲載します。

第四章　善悪並明

仏言わく。衆生《しゅじょう》、十事を以って善となし、亦《また》十事を以って悪と為す。何等をか十と為す。身に三つ、口に四つ、意に三つあり。

身に三つというのは、殺《さつ》・盗《とう》・淫《いん》。口に四つというは、両舌《りょうぜつ》・悪口《あっく》・妄言《もうげん》・綺語《きご》。意に三つというは、嫉《しつ》・恚《い》・痴《ち》なり。是の如くの十事、聖道に順ぜざれば十悪行と名づく。是の悪若し止みぬれば、十善行と名づくのみ。

（中略）

第4章　善と悪は表裏一体である

ブッダは次のように言う。

「人の行いが善いか悪いかは、次の10種類で判断できる。その10種類とは、身体の3つ、言葉の4つ、心の3つのことである。

身体の3つの悪とは、殺し、盗み、淫らのことである。言葉の4つの悪とは、二枚舌、悪口、嘘、綺語（口先で飾り立てること）のことである。心の3つの悪とは、ねたみ、憎しみ、愚痴のことである。これらが10種類の悪である。これは、すべて仏の教えにしたがわない行為であり、「十悪行」と名づけられる。こうした十悪行をしなければ、悪は善となって、それは「十善行」となるのだ」（中略）

第十三章　問道宿命

沙門、仏に問う。何の因縁を以って宿命を知り、其の至道《しどう》を会することを得ん。

仏言わく。心を浄《きよ》め志を守らば、至道を会すべし。譬《たと》えば鏡を磨くに、垢去《く》って明存するが如し。欲を断じて求むること無くんば、当《まさ》に宿命を得べし。

（中略）

第13章　宿命と道を問う

1人の出家者がブッダに尋ねた。「なにを手がかりにすれば宿命《しゅくみょう》（前世の生涯）のことを知ることができ、最高の道の境地を得ることができるでしょうか？」

ブッダは答えた。「宿命もさることながら、最高の道の境地を得るには、心を浄め、志をきちんと守り励むことだ。たとえていえば、鏡を磨くようなものである。鏡の表面についている垢をぬぐい去り、その表面をきれいにすれば、明るさを保つことができる。欲という垢をぬぐい去ることだけを一途に行い、ほかの方法を求めなければ、宿命を知ることができるだろう」

第二十二章　財色招苦

仏言わく。財色《ざいしき》の人に於けるや、人の捨てざるは、譬《たと》えば刀刃《とうじん》の蜜有り、一飡《そん》の美に足らざるを、小児これを舐《な》むれば、則《すなわ》ち舌を割《さ》くの患有るが如し。

（中略）

第22章　財欲と色欲は苦しみをまねく

ブッダは次のように言う。

「人は財欲と色欲を捨てることができない。これは、たとえていえば、この２つの欲は刀の刃についている蜜のようなものであって、甘い蜜をなめようとして舌を割くようなものだ。その甘さをひとなめしただけではすまされず、なおもなめようとすれば、子供がその甘さにつられてなめるようなものので、舌を割くという苦しみをまねくことになる」

（中略）

第三十四章　処中得道

沙門、夜、迦葉仏《かしょうぶつ》の遺教経《ゆいきょうぎょう》を誦《じゅ》ず。その声悲緊にして、思い悔いて退かんと欲す。

仏これに問うて曰く。汝、昔、家に在りしとき曾《か》つて何の業をか為しき。

対《こた》えて曰く。愛して琴を弾じき。

仏言わく。弦《げん》緩《ゆるやか》なるとき如何《いかん》。

対えて曰く。鳴らず。

弦急なるとき如何。

対えて曰く。声絶ゆ。

第34章　緩くてもきつくてもいけない

ある出家者が、夜、迦葉仏の遺教経《ゆいきょうぎょう》を読んでいた。読んでいるうちに悲しい声になり、読むことを悔いてやめようとした。

ブッダはその出家者を見て、尋ねた。「あなたは出家する前、家でなにをしていたか？」出家者は答えた。「好きな琴を弾いていました」

ブッダはまた尋ねた。「その琴の弦がゆるかったら、その音はどうなるか？」

出家者は答えた。「音はなりません」

「では弦がきつかったらどうなるか？」

出家者は答えた。「弦は切れて音はたえます」

急緩中を得るとき如何。対えて曰く。諸音普《あまね》し。仏言く。沙門の学道も亦然《またしか》り。心若し調適《ちょうてき》すれば、道は得べし。道に於て若し暴なれば、暴は即ち身疲る。其の身若し疲るれば、意即ち悩《のう》を生ず。意若し悩を生ずれば行《ぎょう》即ち退く。其の行既《すで》に退けば、罪必ず加わる。但《た》だ清浄安楽なれば、道は失せず。

（中略）

「ではゆるくもなく、急でもなく、その中間にしたらどうなるか？」

出家者は答えた。「琴の音の音たるものがすべてでます」

そこでブッダはその出家者にむかって言った。「仏道を修行することにあっても、そのようでなければいけない。心が琴の音調のように整えば、仏道を体得することができる。

しかし、仏道を修行するのに焦ると、それによって身を疲弊させる。もし身を疲弊させると、心にも悩みが生じて苦しむことになる。心がもしそうしたことになれば、修行は前に進まない。修行をさまたげるからだ。

琴を弾くにはその弦の緩急をちょうどよ

くすることが大切なように、仏道を修行するには心身が清浄安楽であることが大切である。

それによってはじめて体得することができるのである」

（中略）

第四十章　行道在心

仏言わく。沙門の行道《ぎょうどう》は、磨牛《まご》の如《ごと》くにすることなかれ。身は行道すと雖《いえど》も、心道は行せず、心道若し行ずれば、何ぞ行道を用いん。

（後略）

第40章　仏道は心にあり

ブッダは言う。「出家者が仏道を行うときは、米をつくために臼の周りをただぐるぐる回るだけの牛のようになってはいけない。身体だけ仏道を行って、心が仏道を行っていなければ意味がない。心で仏道を行っていれば、牛のような身体を動かす仏道は必要ないのである」

（後略）

【在家の勝鬘夫人が説いた大乗の教え】

『勝鬘経』

しょうまんぎょう

NO.11

聖徳太子も重視した

『勝鬘経』は大乗仏教中期のお経です。４３６年に求那跋陀羅《ぐなばつだら》が漢訳しました。『勝鬘経』は『維摩経』と同じように物語風のお経なのですが、**主人公は勝鬘（シュリーマーラー）という女性**です。在家信者の女性が仏教の教えを説いているというのは、このお経の最大のポイントとなっています。

正式名称は『勝鬘《しょうまん》獅子吼《ししく》一乗《いちじょう》大方便《だいほうべん》方広経《ほうこうきょう》』といいますが、これは「勝鬘が獅子のほえるようにすべての人が救われるただ１つの偉大な教えを方便をもって説いた経

在家の女性信者に学ぶ大乗仏教の教え

勝鬘経＝すべての人が救われる唯一の偉大な教えを説く

十大受
・目上の人を敬う
・自分より困っている人を助ける
・ケチな心を起こさない
など
三大願
・自分の考えを正す
・それを人々に説く
・自分の身を投げ打ってでもそれを実践する

典」という意味になります。

『勝鬘経』は中国や日本でも重んじられ、日本では聖徳太子が注釈書を書いています。太子が書いた3つの注釈書『三経義疏』（P46参照）のうち、一番最初に書かれたものが『勝鬘経義疏』です。推古天皇という女帝時代だったことから、女性が主人公の経典が重視されたのかもしれません。

夫人がブッダに誓いを立てる

勝鬘夫人は、ブッダのいたコーサラ国の国王夫妻の娘でした。彼女は、アヨーディヤーという国に嫁いで、王妃となりました。

あるとき、その王宮にブッダがあらわれ、夫人が未来において必ず仏となることを予言しました。そこで夫人は、**「十大受《じゅうだいじゅ》」**（10の行い）と**「三大願《さんだいがん》」**の誓いを立てます。夫人のこれらの誓いを聞いたブッダは、それを認めました。

このお経で説かれている教えのなかで重要なのは、**「三乗の教えはすべて大乗という一乗に帰す」**というものです。修行して悟りをめざす阿羅漢や、ひとりで悟りをめざす辟支仏《びゃくしぶつ》（縁覚）でないと仏になれないという二乗の教えは、あくまでも人々を導くための手段（方便）にすぎず、ほんとうはすべての人が仏になれるという大乗の教えしかないということです。人々はすべて煩悩にまどわされているが、本来は浄らかで仏となるべき性質（如来蔵）を備えていることを教えています。

『勝鬘獅子吼一乗大方便方広経』
如来真実義功徳章第一

（中略）

仏は、衆中《しゅちゅう》に於いて、即ち為に受記《じゅき》したまわく。

「汝は、如来の真実の功徳を歎《たん》ず。此の善根《ぜんごん》を以って、当《まさ》に無量阿僧祇劫《あそうぎこう》に於いて、天人《てんにん》の中にて、自在王《じざいおう》と為るべし。

一切の生処《しょうじょ》にて、常に我を見ることを得て、現前に讃歎《さんだん》せんこと、

『勝鬘獅子吼一乗大方便方広経』
第1章　如来の真実の功徳

（中略）

そのときブッダは、多くの人々が居並ぶ前で、勝鬘夫人に向かって、このうえない完全な悟りを得るという予言をさずけた。

「あなたは如来の真実の功徳をほめたたえるという善行を積み重ねたことで、未来永劫に人間界・天上界の王者としての幸福をうけるだろう。

そして、いつの世にも、私にめぐり逢わないということはなく、いまあなたがして

今の如く、異なること無かるべし。

　当に復、無量阿僧祇《あそうぎ》の仏を供養し、二万阿僧祇劫《あそうぎこう》を過ぐべし。当に仏と作ることを得て、普光如来《ふこうにょらい》応正遍知《おうしょうへんち》と号すべし。

　彼の仏の国土には、諸の悪趣《あくしゅ》、老病衰悩《ろうびょうすいのう》、不適意《ふちゃくい》の苦しみ無し。亦《また》、不善なる悪業道《あくごうどう》の名も無し。

　彼の国の衆生は、色《しき》、力、寿命、五欲の衆具《しゅぐ》、皆悉《ことごと》く快楽《けらく》にして、他化自在《たけじざい》の諸天に勝らん。

　彼の諸の衆生は純一大乗《じゅんいちだいじょう》にして、諸有《あらゆ》る、善根《ぜんごん》を得習《しゅじゅう》する衆生は、皆、彼に集まらん」


いるのと同じように、私をほめたたえるだろう。

　そのうえ、無数の仏にもつかえ、はるかなる時をへて、善光という名の如来となるだろう。

　あなたの仏国土には、地獄などの悪道に陥る者はなく、病気もなく、老いることもなく、不本意な災厄もなく、善い行いしか聞かない。

　その国の人々はすべて、その容貌、顔色、特徴、威光、すべての欲望において、極上の快楽をうけるだろう。

　その国の人々は、大乗の教えにしたがっている。そのような善い行いを積もうと努力する人々がみな、その国に集まるのである」

勝鬘夫人《しょうまんふじん》が、受記《じゅき》を得し時には、無量の衆生、諸天、及び人は、彼の国に生まれんと願う。世尊は悉《ことごと》く記《き》せり、皆、当《まさ》に往生すべしと。

こうして勝鬘夫人が予言をさずけられたとき、天上界・人間界の無数の人々が、その仏国土に往生したいと願った。そこでブッダは、彼らもみな善光如来の浄土に往生するだろうと予言した。

十受章第二

爾《そ》の時、勝鬘《しょうまん》は、受記《じゅき》を聞き已《おわ》りて、恭敬《くぎょう》して立ちて十大受《じゅうだいじゅ》を受く。

「世尊《せそん》。我は今日より乃《いま》し菩提に至るまで、受くる所の戒に於いて犯心《ぼんしん》を起さず。

世尊《せそん》。我は今日より乃《いま》し菩提に至るまで、諸《もろもろ》の尊長に於いて慢心《まんしん》を起さず。

世尊《せそん》。我は今日より乃《いま》し菩提に至るまで、諸《もろもろ》の衆生に於いて恚心《いしん》を起さず。

第2章　10の誓い

勝鬘夫人はブッダの予言を聞いて、合掌しながら10の誓いを立て、自らの戒めとした。

「1　ブッダよ。私は悟りを開くまで、次のことを守ります。この戒めを逸脱するような心を決して起こしません。

2　ブッダよ。私は悟りを開くまで、次のことを守ります。目上の者を尊敬しないという心を決して起こしません。

3　ブッダよ。私は悟りを開くまで、次のことを守ります。いついかなるときにも、あらゆる生きとし生ける者に対し、怒りの心や害心を決して起こしません。

世尊《せそん》。我は今日より乃《いま》し菩提に至るまで、他の身色《しんしき》及び外の衆具《しゅぐ》に於いて疾心《しっしん》を起さず。

世尊《せそん》。我は今日より乃《いま》し菩提に至るまで、内《ない》・外《げ》の法に於いて慳心《けんしん》を起さず。

世尊《せそん》。我は今日より乃《いま》し菩提に至るまで、自ら己が為に財物を受《じゅ》畜《ちく》せず。凡《すべ》て受くる所有らば悉《ことごと》く貧苦の衆生を成熟《じょうじゅく》する為にせん。

世尊《せそん》。我は今日より乃《いま》し菩提に至るまで、自ら己が為に四摂法《ししょうぼう》を行ぜず。一切衆生の為の故に、無愛染心《むあいぜんしん》・無厭足心《むえんそくしん》・無罣礙心《むけいげしん》を

4　ブッダよ。私は悟りを開くまで、次のことを守ります。他人の幸せや福祉に対する羨望の念を決して起こしません。

5　ブッダよ。私は悟りを開くまで、次のことを守ります。どんなことにもケチな心を決して起こしません。

6　ブッダよ。私は悟りを開くまで、次のことを守ります。享楽のために財産を蓄えることをしません。ただし、貧乏に苦しんだり、身よりのない人々を救うためには、大いに蓄えをします。

7　ブッダよ。私は悟りを開くまで、次のことを守ります。布施（施し）や愛語（やさしい言葉）、利行（人のためになる）、同事（相手の立場に立つ）という4つの行いによって他人のためにつくしますが、自分

以って衆生を摂受《しょうじゅ》せん。

世尊《せそん》。我は今日より乃《いま》し菩提に至るまで、若《も》し孤《こ》・独《どく》・幽《ゆう》・繋《けい》・疾《しっ》・病《びょう》・種種《しゅじゅ》の厄《やく》・難《なん》・困《こん》・苦《く》の衆生を見れば、終《つい》に暫《しばら》くも捨てず。必ず安穏《あんのん》ならしめんと欲し、義を以って饒益《にょうやく》し、衆苦《しゅく》を脱せしめ、然《しか》る後に乃《すなわ》ち捨てん。

世尊《せそん》。我は今日より乃《いま》し菩提に至るまで、若《も》し捕《ふ》と養《よう》との衆《もろもろ》の悪《あく》律儀《りつぎ》と、及び諸《もろもろ》の犯戒《ぼんかい》とを見ては終《つい》に棄捨《きしゃ》せずして、我が力を得ん時、彼彼《ひひ》の処に於いて、此の衆《しゅ》生《じょう》を見ては、応《まさ》に折伏《しゃくぶく》すべき者は

のために他人を利用することはしません。ただひたすら、無雑無念、無倦怠、不退転の心をもって人々のためにつくします。
8　ブッダよ。私は悟りを開くまで、次のことを守ります。身よりのない者、牢につながれた者、捕縛された者、病気で苦しむ者、思い悩む者、貧しい者、生活に行き詰まった者、厄災にあった者を見たならば、迷わず彼らに救いの手をさしのべます。私は苦しみに悩む人々を見たならば、その苦しみから逃れさせるために財産を蓄えて、彼らに与えましょう。
9　ブッダよ。私は悟りを開くまで、次のことを守ります。豚肉を売ったり、鳥屋などの罪ある商売で生活し、如来の説かれた掟をないがしろにする者たちを見たなら

之を折伏《しゃくぶく》し、応に摂受《しょうじゅ》すべき者は之を摂受《しょうじゅ》せん。何を以ての故に。折伏《しゃくぶく》と摂受《しょうじゅ》とを以っての故に、法をして久住《くじゅう》せしむればなり。法《ほう》久住《くじゅう》すれば、天人充満《てんにんじゅうまん》し、悪道減少して、能《よ》く如来の転ぜらるる法輪に於いて随転《ずいてん》することを得ん。是《こ》の利《り》を見るが故に救摂《くしょう》して捨てず。

世尊《せそん》。我は今日《いま》より乃し菩提に至るまで、正法を摂受《しょうじゅ》して終《つい》に忘《もう》失《しっ》せず。何を以って故《ゆえ》に。法を忘《もう》失《しっ》する者は則ち大乗を忘る。大乗を忘るる者は則ち波羅蜜《はらみつ》を忘る。

……………………………………………………………………

ば、決してゆるさず、村でも、町でも国でも、また王の城にあっても、誰であっても、私の命令のおよぶかぎり、過ちを認めさせ、正しく導きます。それは、真実の教えを末長く後世に残すためです。もし真実の教えがこの世に広まるならば、天上界・人間界に生きる者が増え、悪道に陥る者は減るでしょう。これこそが、仏の教えを心から信じてしたがう道です。

10　ブッダよ。私は悟りを開くまで、次のことを守ります。真実の教えを守り、それを決して忘れません。なぜかというと、真実の教えを守ることを忘れれば、大乗の教えを忘れます。大乗の教えを忘れれば、私たちは理想郷をめざすことを忘れてしまいます。そうなると、大乗の教えを求める波羅蜜《はらみつ》を忘るる者は則ち大乗を欲《おも》わず、若し菩薩にして大乗を決《けつ》定《じょう》せざる者は、則ち正法を摂受《しょうじゅ》する欲《おもい》を得《う》ること能《あた》わず。所楽《しょぎょう》に随《したご》うて入り、永く凡夫地《ぼんぷち》を越ゆるに堪任《かんにん》せず。我は是《かく》の如きの無量の大過《だいか》を見、又未来に正法《しょうぼう》を摂受《しょうじゅ》する菩薩摩訶薩《ぼさつまかさつ》の無量の福利《ふくり》を見るが故に、此の大受《だいじゅ》を受く」

（中略）

こともなくなります。もし菩薩でありながら、大乗の教えに対する確信がないならば、真実の教えによって身を保つことができず、自ら誤った道に陥り、凡人の世界に入る運命となります。私はこれを罪悪と認め、大罪人と見なします。真実の教えを守ることによって、私や未来の菩薩たちは、はかりしれない幸福を得るものと考えます。」

（中略）

三願章第三

爾《そ》の時《とき》、勝鬘《しょうまん》は、復《また》、仏前に於いて三大願《さんたいがん》を発《おこ》して是《こ》の言《ことば》を作《な》さく。

「此《こ》の実願《じつがん》を以《もっ》て無量無辺《むりょうむへん》の衆生《しゅじょう》を安慰《あんに》せん。此《こ》の善根《ぜんごん》を以《もっ》て一切の生《しょう》に於いて正法智《しょうほっち》を得ん。是《これ》を第一の大願《たいがん》と名《なづ》く。

我は、正法智《しょうほっち》を得已《えおわ》りて、無厭心《むえんしん》を以て衆生《しゅじょう》の為に説かん。是《これ》を第二の大願《たいがん》と名《なづ》く。

第3章　3つの願い

そのとき、勝鬘夫人はまた、ブッダの前で3つの願いを立てた。

「1　私はこの真理にかけた誓いをもって、多くの人々に利益をもたらす福徳を積み重ね、その積み重ねた善根によって、いつの世にも真実の教えを理解することができますように。これが1つ目の願いです。

2　私はその真実の教えを理解したなら、怠けたり、おじけたりすることなく、人々に向かって教えを説きますように。これが2つ目の願いです。

我は、正法《しょうぼう》を摂受《しょうじゅ》することに於いて、身《しん》と命《みょう》と財《ざい》とを捨てて、正法《しょうぼう》を護持《ごじ》せん。是《これ》を第三の大願《たいがん》と名《なづ》く」

（後略）

…………

3　私はその真実の教えを説くにあたって、身体や命をかえりみず、真実の教えを守り、受け入れることができますように。これが3つ目の願いです」

（後略）

自性清浄章第十三

（中略）

「世尊《せそん》よ。如来蔵《にょらいぞう》とは、是《こ》れ法界《ほっかい》の蔵《ぞう》なり、法身《ほっしん》の蔵《ぞう》なり、出世間《しゅっせけん》の上上蔵《じょうじょうぞう》なり、自性清浄《じしょうしょうじょう》なる蔵《ぞう》なり。此《こ》の自性清浄《じしょうしょうじょう》なる如来蔵《にょらいぞう》は、而《しか》も客塵《かくじん》煩悩と上煩悩とに染《ぜん》せらる、不思議なる如来の境界なり。

第13章　本性は清らか

（中略）

（勝鬘夫人は言った。）

「ブッダよ。如来蔵とは、だれもが仏の智慧を蔵しているということであり、仏そのものを蔵しているということであり、世間的なものを超越したものであり、本質的な清浄なものです。この本質的に清浄な如来蔵が、かりそめに塵のようについた煩悩によって汚されているということは、仏のみがわかることです。

何を以っての故に。刹那の善心《ぜんしん》は煩悩の染《ぜん》する所に非ず、刹那の不善心《ふぜんしん》も亦、煩悩の染《ぜん》する所に非ず。煩悩は心《しん》に触れず、心《しん》は煩悩に触れず。云何んぞ触れざる。法にして而《しか》も能《よ》く心《しん》を染《ぜん》することを得んや。

世尊《せそん》よ。然《しか》も煩悩有り、煩悩が心《しん》を染《ぜん》すること有り。自性清浄《じしょうしょうじょう》心も亦、煩悩の染《ぜん》する所に非ず。煩悩は心《しん》に触れず、にして染有《ぜんあ》るとは、了知《りょうち》すべきこと難《かた》し。

なぜかといえば、瞬間的に、瞬間的に起きる善い心というのは、煩悩によって汚されることはなく、瞬間的に起きる善くない心も、煩悩によって汚されることはありません。煩悩が心とじかにふれることはなく、心が煩悩にふれることもありません。どうしてふれることがないのに、心が汚されることができるでしょうか。

ブッダよ。しかし、煩悩はありますし、煩悩が心を汚すことがあります。ですが、本質的に清浄である心が汚れることがあるというのは、理解しがたいことです。

唯《ただ》、仏世尊《ふつせそん》のみ、実眼《じつげん》と実智《じつち》とをもて、法の根本と為り、法に通達することを為し、正法《しょうぼう》の依《え》と為り、実《じつ》の如《ごと》く知見《ちけん》したもう」

ただ、仏こそが、真実の眼となり、真実の智慧となり、あらゆるものの根本であり、正しいよりどころであり、ありのままに見たり知ることができるのです」

【密教の呪文となった「陀羅尼」を説く】

『大悲心陀羅尼』

だいひしんだらに

NO.12

観世音菩薩が「陀羅尼」をさずかる

『大悲心陀羅尼』は、ふだんは『大悲呪《だいひじゅ》』と呼ばれたり、お経の冒頭部分をとって「ナムカラタンノー」と呼ばれます。

『大悲心陀羅尼』は、唐代の伽梵達摩《がぼんだるま》が漢訳した『千手千眼観自在菩薩広大円満無礙《せんじゅせんげんかんじざいぼさつこうだいえんまんむげ》大悲心陀羅尼経《だいひしんだらにきょう》』というお経の一部です。サンスクリット語の原文は残っていません。

このお経に記されていることは、無数の菩薩や僧侶が集まって、ブッダの「陀羅尼」についての演説を聞いていたとき、観世音菩薩が賞賛されて「陀羅尼」をさずか

ブッダから授かった「陀羅尼」を説く

大悲心陀羅尼＝「真理」に通ずる呪文

「口密」＝密教における修行法のひとつ

南無喝囉怛那哆羅夜耶
南無阿唎耶婆盧羯帝爍
鉗囉耶菩提薩埵婆耶摩
訶薩埵婆耶摩訶迦盧尼
迦耶唵
陀羅尼
オン・サラバタタギャ・
バザラダトバ・ドタラ・
ホジャ・ソハランダ・サ
ンマエイ・ウン…
真言（マントラ）

陀羅尼＝「覚えておくべき呪文」や真言（マントラ）を口で唱える

り、千の手（手段）と千の眼（知恵）を得たという話です。

　では「陀羅尼」とは何かというと、これはサンスクリット語の「ダーラニー」の音を漢訳したものですが、「ブッダの教えを記憶して忘れないこと」であり、つまりは**「真理」**といえます。人々がこの「陀羅尼」を疑うことなく唱えれば、**15種類の善い生き方**（善い王のもとで生きる、善い国で生きる、善い友に恵まれる、など）**を得て、15種類の悪い死に方**（餓死、戦死、自殺など）**をのがれられる**としています。

　『大悲心陀羅尼』は、観音信仰とともに唐代の中国で広まりました。日本にも持ち込まれ、密教系の真言宗で重視されました。

密教では、この身のまま悟りを得る即身成仏を理想としますが、そのための3つの方法（三密行《さんみつぎょう》）の1つに、**「陀羅尼」や「真言」を口で唱える口密《くみつ》**があります。「陀羅尼」と「真言」は大日如来の教えなのです。この2つは名前は違いますが、本質的には同じものと考えられています。

また禅宗でも『大悲心陀羅尼』を重視し、もっとも読まれる頻度の高いお経になりました。いまでも、朝課・晩課や葬儀、四十九日など死者の冥福を祈って行われる法要などで用いられる機会が多いです。そのほか、曹洞宗や臨済宗でも葬儀などで用いられます。

ここでは全文を掲載します。

『大悲心陀羅尼』

南《な》無《む》喝《か》囉《ら》怛《たん》那《のう》哆《と》羅《ら》夜《やー》耶《やー》。
南《な》無《む》阿《お》唎《り》耶《やー》。婆《ぼ》盧《りょ》羯《きー》帝《ちい》爍《し》鉗《ふ》囉《らー》耶《やー》。
菩《ふ》提《じ》薩《さ》埵《と》婆《ぼー》耶《やー》。摩《も》訶《こ》薩《さ》埵《と》婆《ぼー》耶《やー》。摩《もー》
訶《こー》迦《きゃー》盧《る》尼《に》迦《きゃー》耶《やー》。
唵《えん》。薩《さー》皤《は》囉《ら》罰《はー》曳《えい》。數《しゅー》怛《とん》那《のう》怛《とん》寫《しゃー》。
南《な》無《む》悉《し》吉《き》利《りー》埵《と》伊《い》蒙《もー》阿《お》唎《り》耶《やー》。婆《ぼ》盧《りょ》吉《きー》
帝《ちい》室《し》佛《ふ》囉《らー》楞《りん》馱《とー》婆《ぼー》。
南《なー》無《むー》那《のー》囉《らー》。謹《きん》墀《じー》醯《きー》唎《りー》。摩《もー》訶《こー》皤《ほー》哷《どー》。
沙《しゃー》咩《みー》薩《さー》婆《ぼー》。阿《おー》他《とう》豆《じょー》輸《しゅう》朋《べん》。阿《おー》逝《しゅー》
孕《いん》。
薩《さー》婆《ぼー》薩《さー》哷《とー》。那《のー》摩《もー》婆《ぼー》伽《ぎゃー》。摩《もー》罰《はー》特《てー》豆《ちょー》。

『大悲心陀羅尼』


仏・法・僧の三宝に帰依する。

大いなる慈悲の心をもつ聖なる観世音菩薩に帰依する。

あらゆる恐怖から救ってくださる観世音菩薩に帰依する。

私はこれから観世音菩薩の教えを説く。

この教えはあらゆる望みをかなえ、あらゆる悪鬼に打ち勝ち、すべてを浄らかにする真言である。

怛姪他《とーじーとー》。　唵《えん》。　阿婆盧醯《おーぼーりょーきー》。　盧迦帝《るーぎゃーちぃ》。
迦羅帝《きゃーらーちぃ》。
夷醯唎《いーきり》。　摩訶菩提薩埵《もーこーふじさーとー》。
薩婆薩婆《さーぼーさーぼー》。　摩囉摩囉《もーらーもーらー》。　摩醯摩醯唎《もーきーもーきーりー》
馱孕《とーいん》。
倶盧倶盧羯蒙《くーりょーくーりょーけーもー》。　度盧度盧罰闍《とーりょーとーりょーほーじゃ》
耶帝《やーちぃ》。　摩訶罰闍耶帝《もーこーほーじゃーやーちぃ》。
陀囉陀囉《とーらーとーらー》。　地利尼《ちりにー》。　室佛囉耶《しふらーやー》。
遮囉遮囉《しゃーろーしゃーろー》。　摩摩罰摩囉《もーもーはーもーらー》。　穆帝隸《ほーちぃりー》。
伊醯伊醯《ゆーきーゆーきー》。　室那室那《しーのーしーのー》。
阿囉參佛囉舍利《おらさんふらしゃーりー》。　罰沙罰參《はーざんはーざん》。　佛《ふ》
囉舍耶《らしゃーやー》。
呼盧呼盧摩囉《くーりょーくーりょーもーらー》。　呼盧呼盧醯利《くーりょーくーりょーきーりー》。
娑囉娑囉《しゃーろーしゃーろー》。　悉利悉利《しーりーしーりー》。　蘇嚧蘇嚧《すーりょーすーりょー》。

　つまり、次のようなことだ。オーン。光明よ。

　大いなる慈悲の心をもち、蓮華心をもつ大菩薩よ。

　記憶し、行動し、なしとげなさい。真言を保持しなさい。

　聖なる観世音菩薩よ。行動しなさい。行動しなさい。

　汚れなき者よ。汚れなき者よ。汚れなき身体をもつ者よ。来たりたまえ。来たりたまえ。

　聖なる観世音菩薩よ。貪欲・怒り・迷いという三毒を壊滅し、汚れを取り除きたまえ。浄らかな姿をあらわしたまえ、聖なる観世音菩薩よ。

　あらわれよ。あらわれよ。悟りを開かせ

菩提夜《ふじゃー》菩提夜《ふじゃー》。　菩駄夜《ふどやー》菩駄夜《ふどやー》。

彌帝唎夜《みーちりやー》。　那囉謹墀《のらきんじー》。　地利瑟尼那《ちりしゅにのー》。
婆夜摩那《ほやもの》。　娑婆訶《そもこー》。　悉陀夜《しどやー》。　娑婆《そも》
訶《こー》。　摩訶悉陀夜《もこしどやー》。　娑婆訶《そもこー》。
悉陀喻藝《しどゆーきー》。　室皤囉夜《しふらーやー》。　娑婆訶《そもこー》。
那囉謹墀《なるきんじー》。　娑婆訶《そもこー》。　摩囉那囉《もーらーのーらー》。　娑《そ》
婆訶《もこー》。
悉囉僧阿穆佉耶《しらすーおもぎゃーやー》。　娑婆訶《そもこー》。
娑婆摩訶悉陀夜《そぼもこしどやー》。　娑婆訶《そもこー》。
者吉囉阿悉陀夜《しゃきらーおしどーやー》。　娑婆訶《そもこー》。
波陀摩羯悉陀夜《ほどもぎゃしどやー》。　娑婆訶《そもこー》。
那囉謹墀皤伽囉耶《のらきんじーはーぎゃらやー》。　娑婆訶《そもこー》。

……………………………………………………

たまえ。悟りを開かせたまえ。

大いなる慈悲の心をもつ観世音菩薩よ。見たいと望む者に、見ることを歓喜させる者よ。スヴァーハー（幸あれ）！

望みをかなえてくださった者に、スヴァーハー（幸あれ）！

偉大なる成就者に、スヴァーハー（幸あれ）！

ヨーガの修行法を自在になしとげた者に、スヴァーハー（幸あれ）！

観世音菩薩に、スヴァーハー（幸あれ）！

蓮華の花飾りをした者に、スヴァーハー（幸あれ）！

獅子の顔のものに、スヴァーハー（幸あ

摩婆唎勝羯囉耶《もーほりしんぎゃらやー》。娑婆訶《そもこー》。

南無喝囉怛那哆羅夜耶《なむからたんのうとらやーやー》。

南無阿唎耶《なむおりやー》。婆盧羯帝爍鉗囉耶《ぼりょきーちいしふらーやー》。

娑婆訶《そもこー》。

悉殿都《しでどー》。漫哆囉《もどらー》。跋陀耶《ほどやー》。娑婆訶《そもこー》。

れ）！

すべての成就者に、スヴァーハー（幸あれ）！

金剛輪でなしとげた者に、スヴァーハー（幸あれ）！

蓮華を手にもつものに、スヴァーハー（幸あれ）！

聖尊観世音菩薩に、スヴァーハー（幸あれ）！

もっとも慈しみある者に、スヴァーハー（幸あれ）！

仏・法・僧の三宝に帰依する。

大いなる慈悲の心をもつ聖なる観世音菩薩に帰依する。

スヴァーハー（幸あれ）！

この真言に、スヴァーハー（幸あれ）！

【光り輝く毘盧遮那如来の真理の世界を説く】

『華厳経』《けごんきょう》

NO.13

奈良の大仏として伝わる

『華厳経』は、正式には『大方広仏華厳経《だいほうこうぶつけごんきょう》』といいます。

漢訳本には仏駄跋陀羅《ぶっだばつだら》が訳した60巻本、実叉難陀《じっしゃなんだ》が訳した80巻本、般若三蔵《はんにゃさんぞう》が訳した40巻本があります。

しかし、サンスクリット語の原典として残っている部分は少なく、「十地品《じゅうじぼん》」と「入法界品《にゅうほっかいぼん》」の2章が伝わるのみです。『華厳経』は、紀元1世紀頃からそれぞれの章が独立して成立して各地に伝わり、それが4世紀頃にまとめられたものと考えられて

います。

「華厳」とは「美しい華で飾られた」という意味ですが、これは何をあらわしているかというと、このお経の主人公である**毘盧遮那如来《びるしゃなにょらい》の真理（悟り）の世界**です。毘盧遮那如来は、サンスクリット語で「ヴァイローチャナ（輝くもの）」といい、**太陽のように世界の中心で輝き、無数の仏や菩薩を生み出し、人々を救済する**とされています。このお経では、さまざまな求道者が毘盧遮那如来の真理を求めて厳しい修行をしたことが説かれています。

中国では『華厳経』にもとづき、華厳宗が開かれました。これが日本に伝わり、奈良の東大寺が建てられました。あの東大寺の大仏（奈良の大仏）は、毘盧遮那如来です。

53人に教えをうける物語が人気に

『華厳経』には、大きく2つの重要な思想を見てとれます。

1つが、「唯識思想」（P97参照）に通じる考え方です。あらゆる現象はすべて心の働きであるという「唯心」の思想があります。

もう1つが、**「一即一切」**という考え方です。これは、個別的に見えるあらゆる事象は無関係ではなく、時間や場所を問わず、互いに依存しあって、互いに限定しあっているという関係性のことです。たとえば、お経のなかでは、「一つの毛孔のうちにすべての世界がある」「一瞬は無量の時間である」と説かれていて、一即一切の思想があらわれています。

では、原典が残る2つの章を見てみましょう。

「十地品」の「十地」とは、**悟りをめざす菩薩の修行によって得られる境地**のことです。この十の境地（段階）は、「布施・持戒・忍辱・精進・禅定・般若・方便・願・力・智」という、菩薩が実践すべき**「十波羅蜜《じっぱらみつ》」**に対応しています。

第一地は「歓喜地《かんぎち》」といって、仏道を志すことができた喜びにひたる境地ですが、第二地、第三地と修行をつみ、第六地の「現前地《げんぜんち》」にいたると、**すべて人間を迷わす十二因縁（縁起）は虚妄で、心がつくりだしたものにすぎない（三界唯心偈《さんかいゆいしんげ》）**という『華厳経』の核心がつかめます。これは「唯識思想」に通じる教えです。この智慧ができたら、第七地から、人々を悟りに向かわせるように励みます。つまり、「自利」から「他利」へ転換します。そして、第十地の「法雲地《ほううんち》」にいたると、無数の如来の

光り輝く毘盧遮那如来の教え

華厳経＝人間を惑わす十二縁起は心がつくりだした虚妄と説く

「十地」＝修行によって得られる境地

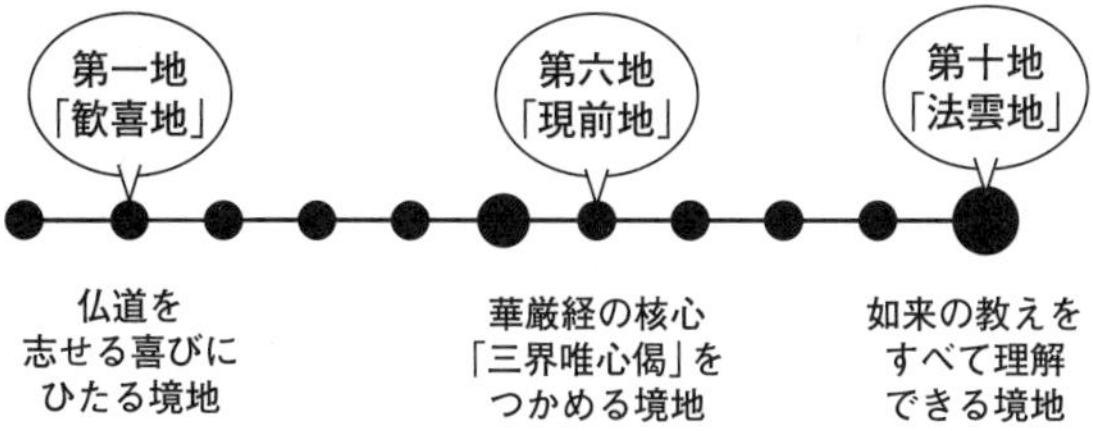
第一地
「歓喜地」
仏道を志せる喜びにひたる境地
第六地
「現前地」
華厳経の核心「三界唯心偈」をつかめる境地
第十地
「法雲地」
如来の教えをすべて理解できる境地

深い教えをすべて理解できるようになります。

「入法界品《にゅうほっかいぼん》」は、善財童子《ぜんざいどうじ》という求道者が、53人のすぐれた知恵の持ち主をたずねるという物語です。仙人や長者から遊女、少年、少女など、あらゆる階層の人から教えをうけ、最後に普賢菩薩の教えをうけて究極の境地に達します。これは、真理を追求するためには、階級や宗教は関係ないことを示しています。

この物語はたいへんな人気となりました。「東海道五十三次」の旅はこのお経にちなんでつけられたものといわれます。

ここでは般若訳をもとに、「入法界品」の一部を掲載します。

『大方広仏華厳経《だいほうこうぶつけごんきょう》』入不思議《にゅうふしぎ》解脱境界普賢行願品《げだつきょうかいふげんぎょうがんぽん》
（入法界品）

爾時《にじ》、普賢菩薩摩訶薩《ふげんぼさまかさー》、稱《しょう》
讃《たん》如來勝功德已《にょらいしょうくどくい》、告諸菩《ごしょぼ》
薩《さつ》及善財言《ぎゅぜんざいごん》、

善男子《ぜんなんし》。如來功德《にょらいくどく》、假使十《けしじっ》
方一切諸佛《ぼういっさいしょぶつ》、經不可說不可《きょうふかせふか》
說佛刹極微塵數劫《せぶっせごくみじんじゅごう》、相續《そうぞく》

「大方広仏華厳経入不思議解脱境界普賢行願品」（入法界品）

そのとき、普賢菩薩は、如来のすぐれた功徳をほめたたえ、菩薩たちと善財童子に次のように告げた。

「善男子よ。如来の功徳というのは、十方のあらゆる仏たちが、言葉ではあらわせないほどたくさんの仏国土の塵の数ほどの時間をかけて説きつづけたとしても、説きつくすことはできま

演說《えんぜつ》、不可窮盡《ふかぐうじん》、若欲成《にゃくよくじょう》就此功德門《じゅしくどくもん》、應修十種廣《おうしゅうじっしゅこう》大行願《だいぎょうがん》。何等為十《がとういじゅ》。一者《いちしゃ》、禮敬諸佛《らいきょうしょぶつ》。二者《にしゃ》、稱讚如《しょうさんにょ》來《らい》。三者《さんじゃ》、廣修供養《こうしゅうくよう》。四《よん》者《しゃ》、懺悔業障《ざんげごっしょう》。五者《ごしゃ》、隨喜《ずいき》功德《くどく》。六者《ろくしゃ》、請轉法輪《しょうてんぽうりん》。七《しち》者《しゃ》、請佛住世《しょうぶつじゅうせ》。八者《はっしゃ》、常《じょう》隨佛學《ずいぶつがく》。九者《くしゃ》、恆順衆生《ごうじゅんしゅじょう》。十者《じっしゃ》、普皆迴向《ふかいえこう》。

（中略）

せん。もしこの功徳を成就したいのならば、十種の広大な行願をおさめるべきです。

十種の行願とは、次の通りです。

①仏たちを敬うこと
②如来をほめたたえること
③広く供養すること
④悪い行いを悔い改めること
⑤功徳を喜ぶこと
⑥教えを請うこと
⑦仏がこの世にとどまることを願うこと
⑧つねに仏にしたがって学ぶこと
⑨つねに衆生につきしたがうこと
⑩人々に功徳をふりむけること

（中略）

爾時《にじ》、普賢菩薩摩訶薩《ふげんぼさまかさ》、欲《よく》重宣此義《じゅうせんしぎ》、普觀十方《ふがんじっぽう》、而《に》説偈言《せつげごん》、

所有十方世界中《しょうじっぽうせかいちゅう》、三世一切《さんぜいっさい》人師子《にんしし》

我以清淨身語意《がいしょうじょうしんごい》、一切遍《いっさいへん》禮盡無餘《らいじんむよ》。

普賢行願威神力《ふげんぎょうがんいじんりき》、普現一《ふげんいっ》切如來前《さいにょらいぜん》

そのとき、普賢菩薩は、この行願の意味をさらに広く伝えようと、十方を見渡し、次のように唱えた。

十方の世界の過去・現在・未来の三世すべてにいるあらゆる仏に対し、私は清らかな身体・言葉・心で敬礼する。

普賢行願のすぐれた力により、あらゆる如来があらわれ、彼らはそれぞれに身体に、塵ほどの多くの如来の身体をあらわしている。私はそのすべての仏を礼拝する。

一つの塵のなかにある多くの塵の数ほどの仏

一身復現刹塵身《いっしんぶくげんせつじんしん》、一一遍禮《いちいちへんらい》刹塵佛《せつじんぶつ》。

於一塵中塵數佛《おいちじんちゅうじんじゅうぶつ》、各處菩《かくしょぼ》薩衆會中《さしゅえちゅう》、

無盡法界塵亦然《むじんほっかいじんやくねん》、深信諸佛《じんしんしょぶつ》皆充滿《かいじゅうまん》。

（中略）

我昔所造諸惡業《がしゃくしょぞうしょあくごう》、皆由無《かいゆうむ》始貪嗔癡《しとんじんち》、

が、菩薩たちの真ん中に座っている。かぎりない真理の世界においても同じであり、そこは仏たちがあますところなく満たされていると私は深く信じている。

（中略）

昔、私が犯したさまざまな悪い行いは、すべて貪欲・憎悪・愚かさから生じたことである。

従《じゅう》身《しん》語《ご》意《い》之《し》所《しょ》生《しょう》、一切《いっさい》我《が》

今《こん》皆《かい》懺悔《ざんげ》。

（後略）

また、身体・言葉・心から生じたことである。

私はいま、そのすべてを懺悔する。

（後略）

第4章 日本人の身近にある仏教

【如来から高僧まで、５ランクで仏像を見分ける】

仏像の見分け方

NO.1

ガンダーラ地方で最初の仏像が登場

仏像ははじめからあったわけではありません。じつはブッダの入滅から５００年ほどの間は、仏像というものはありませんでした。

というのも、原始仏教（小乗仏教）では、ブッダはこの輪廻の世界から消え去り、「姿のない仏」となったと考えられたからです。**姿のない仏を像にしてはいけなかったのです。**

そのかわり、ブッダの遺骨を納めた**仏塔《ぶっとう》（ストゥーパ）**やブッダの教えを車輪にたとえた**法輪《ほうりん》**、ブッダの足の裏と法輪を彫った**仏足石《ぶっそくせき》**などを礼拝の対象としました。

一方、大乗仏教では、ブッダは時間や空間を超越した存在で、**人々に教えを説くために「姿をあらわした仏」**と考えました。わざわざ姿をあらわしたのだから、それを像にするのはブッダの本意にかなっているとしました。

ということで、紀元1世紀末頃にガンダーラ地方ではじめて仏像がつくられます。ガンダーラ地方は、当時のローマと中国を結ぶ通商路に位置していて、多様な文化が流入していました。とくに紀元前4世紀後半のアレクサンドロス大王の東征以降は、ギリシア文化が入ってきました。

ですから、**ガンダーラ地方でつくられた仏像はギリシア美術の影響をうけ、ギリシア風の出立ちになりました**。その後、インド中部のマトゥラーでは、純インド風の仏像がつくられるようになります。

仏像といえば、はじめはブッダの像だけでしたが、しだいに菩薩や明王などの像もつくられ、これらを総称して「仏像」というようになります。仏像をランクわけすると、上から如来像・菩薩像・明王像・諸天諸神像・高僧像になります。それぞれの特徴を見てみましょう。

質素な身なりの如来像

まずは「如来像」です。「如来」とは、「如（真理）から来た者」の意味で、**すでに悟りをひらいた者のこと**です。**「如来」＝「仏」**となります。

如来像は、出家したあとのブッダをモデルにしているので、一枚の衣だけをまとった**質素な身なり**で、装身具などはまったく身につけていません。身体的に32の大きな特徴と80の細かい特徴があるとされ、これを「三十二相八十種好《さんじゅうにそうはちじゅうしゅごう》」といいます。

たとえば、頭はパンチパーマのような**螺髪《らほつ》**で、縮れた右巻きで、頭のてっぺんは盛り上がっていて、**肉髻《にっけい》**といいます。眉間にあるホクロのようなものは、右巻きの毛の塊で**白毫《びゃくごう》**といいます。耳たぶは長く、王子時代にあけたピアスの穴があります。指の間には、人々の救いもらしがないよう水かきがあります。足の裏は扁平足で、法輪の紋様があります。以上の基本のうえに、さまざまな如来像があります。

釈迦如来は、ブッダそのものです。仏像によって手のポーズが違いますが、これを**「印《いん》（印相《いんぞう》、印契《いんげい》）」**といいます。基本的な「印」として5つあります。

両手を下腹部のあたりで重ねた「定印《じょういん》」、右手の人差し指を地に向けた「降魔印《ごうまいん》」、

5種類の基本的な印（印相・印契）

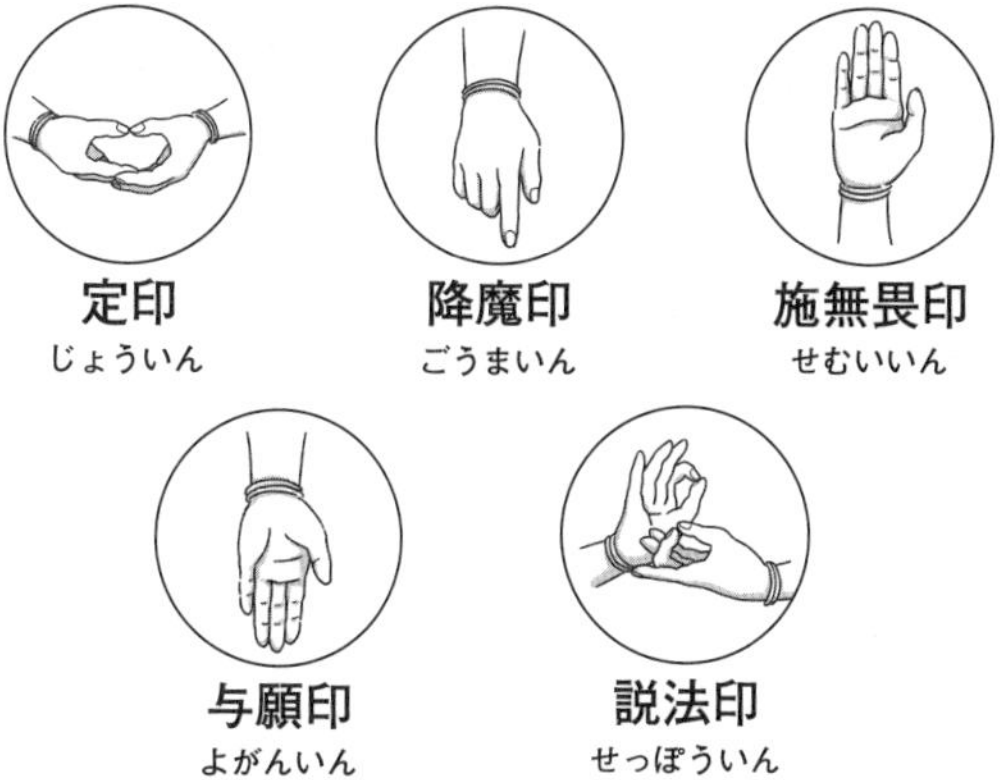

右手のたなごころを外に向けた「施無《せむ》畏印《いいん》」、左手を外に向けて下にたらした「与願印《よがんいん》」、法輪をまわしているジェスチャーの「説法印《せっぽういん》」です。また、ブッダが生まれたときの姿をあらわした誕生仏では、右手で天をさし、左手で地をさしています。

阿弥陀如来は、西方の極楽浄土にいる仏です。ほとんど見た目は釈迦如来と同じですが、「印」に違いがあります。9つの種類の印があり、これを「九品来迎《くぼんらいごう》印《いん》」といいます。親指と人差し指、中指、薬指のいずれかで輪をつくっているものが多いです。この手のポーズは亡くなった人々を極楽浄土に迎える「来迎印」と呼ばれます。

また、背中には48本の線からなる「光背《こうはい》」があることがあります。これは法蔵菩薩のときにたてた48の願い（四十八の大願、P143参照）にちなんだものです。

薬師如来は、東方の浄瑠璃世界にいる仏です。薬師如来像の最大のポイントは、左手に万病をいやす薬草の入った壺をもっていることです。ただ、奈良・薬師寺や唐招提寺などの古い薬師如来像には壺がありません。右手は「施無畏印」がふつうですが、親指と人差し指で輪をつくり、人差し指でなにかを弾くような形にした「薬師三《さん》界印《がいいん》」のものもあります。

密教が生み出した大日如来は、宇宙そのものをあらわす存在で、仏のなかの王様とされます。ですから大日如来像は、王様らしく派手に着飾っています。体は黄金に輝き、頭には宝冠をいただき、ネックレスやブレスレットをしています。モデルは古代インドの王様といわれます。

王子時代のブッダがモデルの菩薩像

菩薩像は、**出家前の王子時代のブッダがモデル**となっています。ですから、頭には宝冠をいただき、ネックレスやブレスレットをして着飾っています。

菩薩像の種類は多いですが、手にしている剣や蓮華、経典などの**「持物《じもつ》」**で見分けがつきます。

観音菩薩像は、顔が1つに手が2本の「聖観音《しょうかんのん》」で、立像が基本になります。これが発展し、世の中を360度見渡す「十一面観音」や、千本の手をもち、それぞれの手のひらに眼をもつ「千手千眼自在観音」が生まれました。そのほか、馬の頭をいただく「馬頭観音」、手に如意宝珠（意のままに宝を出す珠）と法輪をもつ「如意観音」などがあります。また、『法華経』の「観世音菩薩普門品《ふもんぼん》」で、観音菩薩が33の姿に変身してあらわれることから、「三十三体観音」がつくられました。白衣観音、水月観音、楊柳観音などがこれにあたります。

弥勒菩薩の**「弥勒」**とは、サンスクリット語の「マイトレーヤ」で、**「友愛の人」**の意味です。「慈氏」「慈尊」と訳されることがあります。弥勒菩薩は**すでに修行を終え、将来に仏になることが約束された「未来仏」**です。弥勒菩薩像として有名なのは、広隆寺の国宝・半跏思惟像《はんかしゆいぞう》です。イスに腰掛け右足をくんで、右手を頬にあてた姿をしています。弥勒菩薩像は、奈良時代以前のものは質素な出で立ちのものが多いですが、平安時代以降になると着飾ったモデルとなり、立像や坐像が増えます。

地蔵菩薩は、いわゆるお地蔵さまです。地蔵菩薩は、**ブッダ入滅後、弥勒菩薩が仏となってあらわれるまでの空白期間をうめるためにあらわれた菩薩**です。地獄道から天道まで六道のすべてで人々の救済にあたり、しかも、あえて仏にはならないことを誓いました。ですから、とても身近な存在の菩薩です。お地蔵さまは6体セットのことが多いですが、これは六道それぞれに赴いていることをあらわしています。坊主頭で僧侶の姿をしています。

文殊《もんじゅ》菩薩は、ブッダの弟子だった実在の人物ともされ、**菩薩のなかでも「智慧」をつかさどる存在**とされます。文殊菩薩像は、獅子のうえの蓮華座に座り、右手に剣、左手に経典をもっています。ブッダのわきにひかえる存在として、普賢《ふげん》菩薩とペアになることがあります。

恐ろしい形相の明王像

仏像は人々に教えを説くブッダの姿

如来像

・悟りを開いたブッダ
・釈迦如来など
・質素

菩薩像

・出家前の王子のブッダ
・観音菩薩など
・「持物」がある

明王像

・厳しく教えを説く如来の使者
・不動明王など
・恐ろしい形相

諸天諸神像

・仏教を守る他宗教の神々
・梵天、帝釈天など

「明王《みょうおう》」は、サンスクリット語で「ヴィドゥヤー・ラージャ」といい、「真言の王」という意味です。**大日如来の命令をうけて真言をもたらす使者**です。恐ろしい形相をしていますが、これは如来や菩薩がやさしく諭しても聞く耳をもたない者を威嚇しながら教え導こうとしているからです。

明王のなかでももっとも有名なのが不動明王です。不動明王像は、右手に剣、左手に羂索《けんさく》（ひも）をもっています。これに降三世《ごうざんぜ》明王、軍荼利《ぐんだり》明王、大威徳《だいいとく》明王、金剛夜叉明王を加えて、五大明王といいます。

そのほか、縁結びの神様として人気の

愛染《あいぜん》明王、煩悩を食べる孔雀の背にのる孔雀明王などの像があります。

種類豊富な諸天諸神像と弟子・高僧像

インドの**バラモン教の神々は、仏教を守る神となり、それが仏像となりました**。そのため、諸天諸神の像には多くの種類があります。

梵天《ぼんてん》は、ヒンドゥー教の創造神ブラフマーです。帝釈《たいしゃく》天は、インド神話の雷の神・インドラ神です。この2つが仏教の二大護法神です。

帝釈天にしたがい、須弥山の東西南北を守るのが四天王です。東西南北にそれぞれ、持国《じこく》天、増長《ぞうじょう》天、広目《こうもく》天、多聞《たもん》天が配置されます。

女神の仏像もあります。幸福の女神である吉祥天、子供を守る鬼子母神《きしぼじん》、学問・芸術の守護神である弁才天などの像があります。

ブッダの弟子や高僧も仏像になっています。ブッダの直弟子の十大弟子像、ブッダの教えを守ることを誓った16の弟子をあらわした十六羅漢像、鑑真和上像、一休禅師像、達磨大師像、最澄や空海などの高僧像があります。

【「七堂伽藍」を基本に建物の構成を見る】

お寺の見方

NO.2

七堂は「7つの建物」ではない

お寺にはどのような建物があり、それぞれどんな意味や歴史があるのでしょうか？

お寺の建物の基本構成は、**「七堂《しちどう》伽藍《がらん》」**といいます。「七堂」とは7つの建物という意味ではなく、「必要最低限を備えた」という意味です。つまり、**「金堂・塔・講堂・食堂《じきどう》・鐘楼《しょうろう》・経蔵《きょうぞう》・僧坊・回廊・門」など必要最低限の建物をそろえたお寺**を七堂伽藍といいます。これだけのものを備えたお寺は大本山クラスなので、七堂伽藍は大寺院の代名詞となっています。

ちなみに「伽藍」とは、サンスクリット語の「サンガーラマ」を漢訳したもので、正しくは「僧伽藍」です。サンガーラマは、僧侶たちが集まって修行する清浄な場所のことで、これが寺院の建物をあらわす言葉となりました。

仏塔が信仰の対象だった

七堂伽藍のそれぞれの建物を見てみましょう。

金堂は、仏像を安置した建物です。東大寺の大仏殿などがこれにあたります。少し時代がくだると、金堂の前に参拝者をむかえるための礼堂ができました。やがて金堂と礼堂が一体となり、本堂となりました。延暦寺の一乗止観院《いちじょうしかんいん》（あとの根本《こんぽん》中堂《ちゅうどう》）が本堂のさきがけといわれています。

塔はブッダの遺骨（仏舎利）をおさめる建物です。インドではストゥーパといい、これが「卒塔婆《そとうば》」と漢訳され、「塔」と略されました。日本のお寺では屋根を何層にも重ねた三重塔や五重塔をつくりました。法隆寺の五重塔がもっとも有名です。ちなみに、塔の階数は奇数と決まっています。

初期のお寺では仏塔が信仰の対象でしたので、伽藍の配置は塔が中心となっていましたが、信仰の対象が仏像となると、仏像のある金堂がメインとなりました。ですから、初期のお寺である奈良・飛鳥寺は塔中心の配置ですが、7世紀後半の薬師寺になると金堂中心の配置となっています。

そのほか、講堂は僧侶たちがお経を読んだりして勉強する建物です。食堂は食事をする建物です。鐘楼は時間を知らせる梵鐘《ぼんしょう》をおく建物です。経蔵はお経をおさめる建物です。僧坊は僧侶の寝起きの場所です。回廊は廊下のことで、金堂や塔などの建物を囲んでいます。

そして、四方に門がありますが、門は「山門」「三門」などといわれ重要な意味をもちます。

初期のお寺は都の平地に建てられていましたが、比叡山や高野山などの山中に建てられるようになると、お寺の名前に「比叡山延暦寺」「高野山金剛峯寺」などと山号がつけられるようになりました。それにともない、お寺の門も「山門」と呼ばれるようになりました。

また「三門」と書く場合もあります。これは、悟りをひらくための３つの道をあらわす**「三解脱門」**にちなんだものです。３つの道とは、**空・無相・無願**です。三門は、その名のとおり３つの門をもっていて、いつでも開放されています。いつでも解脱の道に自由に入っていくことができることをあらわしているのです。

神社では鳥居が神が住む神域と人間が住む俗界との境になりますが、お寺では山門がその境となります。ちなみに、お寺の敷地のことを境内《けいだい》というのは、境の内側という意味で、境の外側は境外といいます。

お寺の境内は仏の住む仏国土をあらわしています。京都・宇治の平等院鳳凰堂を取り巻く空間などは、まさに阿弥陀如来のいる極楽浄土を表現したものです。

お寺の建物の基本構成「七堂伽藍」

①必要最低限の建物を備えた「七堂伽藍」のつくり

【配置例】奈良・東大寺

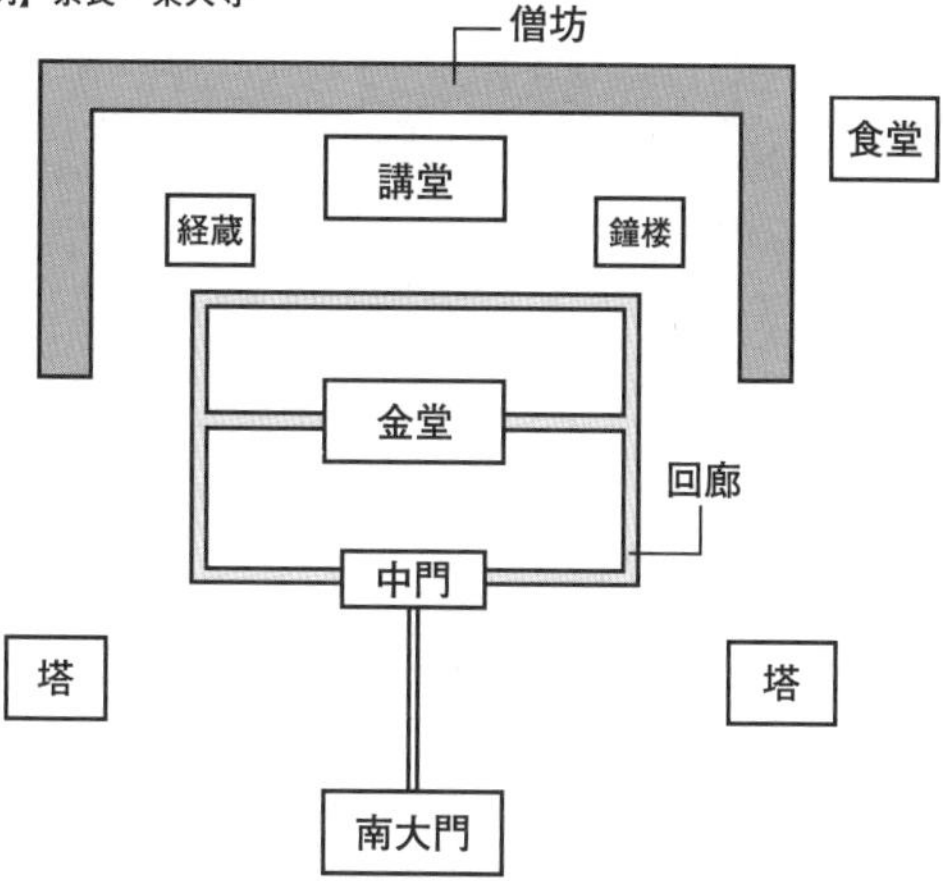

②初期仏教の信仰の対象「塔」を中心に据えたつくり

【配置例】奈良・飛鳥寺

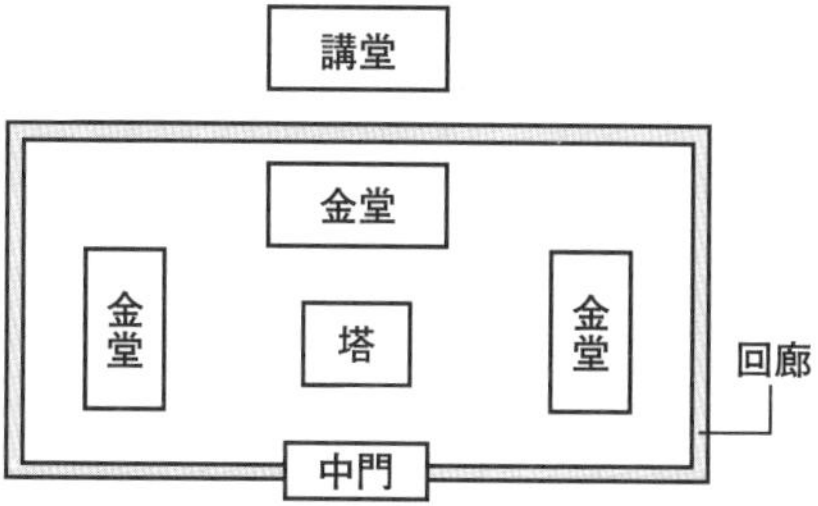

神仏習合は日本ならでは

そのほか、お寺でよく見かけるものについて解説しておきましょう。

お寺の境内で稲荷神社を見かけることがありますが、これはお寺が建てられる前からの地主神などをまつったものです。背景には、日本固有の神と仏教の信仰を調和させた**神仏習合**があります。最澄が比叡山を開くとき、その土地の地主神である比叡（日枝）の神をまつりましたが、これが神仏習合のさきがけといわれます。明治以降は神道が国教となり、神社とお寺の引き離しが行われました。しかし、戦後は神仏をまつることは各お寺の裁量にまかされるようになりました。

賽銭箱も神社に関連しています。お賽銭はもともと神道の風習で、あとから仏教に取り入れられたものです。鎌倉の鶴岡八幡宮には天文年間（1532〜55年）に賽銭箱がおかれたという記録があり、この頃から全国に広まったと考えられます。金額の大小はご利益に関係ないとされます。

お寺の境内にある池にも意味があります。仏教には、生き物を殺さないという不殺生戒があります。殺生を戒めたことから、肉や魚を使わない精進料理が発達しました。

お寺の植物と仏教

●蓮の花

煩悩（泥水）に汚される
ことのない仏の悟りを表す

●菩提樹

ブッダが悟りを開いた場所
シナノキの樹木で代用

●沙羅の木

ブッダが入滅した場所
ナツツバキの樹木で代用

殺生を戒める行事として、**放生会**《ほうじょうえ》があります。捕獲した鳥や魚を池や野に放して供養するものです。この放生会を行うための放生池《ほうじょうち》として、お寺の境内に池がつくられたのです。放生会は、旧暦の8月15日に行われることが一般的です。

また、お寺に植えられた植物にもそれぞれ意味があります。

蓮華（蓮の花）は、仏教を象徴する花です。蓮の花は、池や沼の泥水のなかから生え出て、美しい花を咲かせますが、**煩悩（泥水）に汚されることのない仏の悟り**をあらわしています。

菩提樹は、ブッダが35歳のときに悟りをひらいた場所です。「菩提」とは「悟り」の意味です。日本では、中国原産のシナノキの樹木が植えられることがあります。

沙羅の木は、ブッダが入滅した場所です。日本では、ナツツバキというツバキ科の樹木が植えられることがあります。

お寺には墓地があるのが当然と思われますが、墓地というのもあとからできたものです。もともと仏教は葬儀を専門とする宗教ではありませんでした。ただ、**生死を繰り返す輪廻転生の思想をもつことから、死体を汚れたものとは見なさず、きちんと供養するようになりました**。それまでは死体は汚れたものとされ、一般の人々の死体は人里離れた山などに捨てられていたのです。それが仏教の伝来によって、僧侶が葬儀に関わるようになったのです。お寺のそばに墓地がつくられるようになったのは自然のことでした。墓地が普及したのは室町時代頃からといわれています。

【仏像・仏塔・金堂……有名寺院の多彩な見所】

日本の有名寺院

NO.3

日本仏教初期のお寺

日本の有名寺院をそれぞれの宗派別に見てみましょう。

まず、奈良の**法隆寺**です。法隆寺は、聖徳太子が６０７年に建てたとされ、現在は**聖徳宗の総本山**となっています。境内の建物のうち、10棟は世界最古の木造建築とされ、世界遺産に登録されています。見所の１つは、金堂に安置された釈迦三尊像です。日本最初の仏師といわれる鞍作止利《くらつくりのとり》が聖徳太子のためにつくった名作です。もう１つは、金堂の隣にそびえる高さ約34メートルの五重塔です。上にいくほど屋根の面積が小さくなり、美しいフォルムを生み出しています。

同じく聖徳太子が５９３年に建てた**四天王寺**は、日本初の官寺（国立のお寺）です。平安時代以降は天台宗に帰属しましたが、１９４６年に独立し、十七条憲法の「和を以って貴しとなす」の「和」をとって、**和宗のお寺**となりました。最大の見所は、南から北へ中門・五重塔・金堂・講堂が一直線にならぶ伽藍配置で、これは四天王寺式といわれます。西門の前には石造の鳥居がたっています。お寺なのに神社の鳥居がたっていることは謎とされています。

長野の**善光寺**は創建が６４４年と信州でもっとも古いお寺です。５５２年に伝来したという一光三尊《いっこうさんぞん》阿弥陀如来像をまつったのが起源とされ、いまも本尊として本堂に安置されています。ただ、絶対秘仏のため開帳されることはありません。江戸時代には一度参拝すれば極楽往生がかなうとされ、**善光寺信仰**が過熱しました。本尊の分身仏・前立本尊を本堂にむかえるご開帳の儀式は7年に1度行われ、いまも多くの参拝者を集めています。

奈良時代に栄えた南都六宗（P46参照）のうち、法相宗の大本山にあたるのが、奈良・**興福寺**です。創建は６６９年。お寺のシンボルは、奈良公園からもよく見える五

伽藍配置が特徴的な２つの古寺

金堂（左）、五重塔（右）、中門（中央奥）

法隆寺（奈良）

607年建立

仏塔と金堂が並列に配置

四天王寺（大阪）

593年建立

中門・仏塔・金堂・講堂が一直線に配置

講堂（奥）、金堂（中央）、五重塔（手前）

重塔です。5度の焼失・再建をへて、現在のものは室町時代に建てられた6代目です。総高約50・1メートルは、東寺の五重塔につぐ日本第2の高さです。もう1つの見所は、国宝館におさめられた三面六臂の阿修羅像です。凛々しい少年のような表情をしていて、神秘的な美しさを漂わせています。

同じく法相宗の大本山にあたるのが、奈良・**薬師寺**です。創建は680年。最大の見所は、本尊の薬師如来坐像です。中央に薬師如来、向かって右に日光菩薩、左に月光菩薩が並ぶ三尊仏の形式となっています。三尊はやわらかい曲線を奏でていて、日本彫刻史上屈指の名作といわれます。

華厳宗の大本山にあたるのが、奈良・**東大寺**です。聖武天皇の発願により、728年に建てられた金鐘寺《こんしゅじ》がはじまり。なんといっても見所は、「奈良の大仏」として知られる盧遮那仏坐像です。高さ約15メートルで、世界最大級の金銅仏です。大仏を納める大仏殿の高さは約48メートルで、こちらも木造建築としては世界最大級です。

平安時代・密教系のお寺

天台宗の総本山が比叡山・**延暦寺**です。788年、最澄が一乗止観院《いちじょうしかんいん》（あとの根本中堂《こんぽんちゅうどう》）を創建したのがはじまりです。その後、弟子たちによって次第に規模が拡大され、最盛期には広大な山中に300の寺院が並んだといわれます。いまは約150の建物が点在しています。根本中堂の本尊の前に灯る「不滅の法灯」は、最澄が灯してから1200年以上にわたって燃えつづけ、比叡山の象徴となっています。

天台宗の東北大本山となっているのが、岩手・平泉の**中尊寺**です。850年、東北を訪れた円仁《えんにん》によって開かれたといわれます。1124年、奥州藤原氏の初代・清《きよ》

天台宗・真言宗の総本山

比叡山・延暦寺（滋賀）

「根本中堂」

本尊として最澄が彫った「薬師瑠璃光如来」が鎮座する

高野山・金剛峯寺（和歌山）

「根本大塔」（右）

大日如来を象徴する信仰の対象

（写真左は金堂）

衡《ひら》が中尊寺の再興に手をつけてから大寺院として繁栄しました。しかし奥州藤原氏は源頼朝によって滅ぼされ、さらに1337年、ほとんどの伽藍が焼失しました。そんななか、金色堂《こんじきどう》（阿弥陀堂）は火災や戦災を逃れ、いまも当時の姿を残しています。金色堂は、内外すべてが金箔押しされた豪奢なつくりで、扉のなかには、須弥壇《しゅみだん》に阿弥陀如来坐像を中心に32体の仏像が安置され、極楽浄土の世界が表現されています。

真言宗の総本山が高野山・**金剛峯寺**《こんごうぶじ》です。816年、空海によって創建されました。延暦寺と同じく山全体を境内とし、117の建物が点在しています。境内は、壇上伽藍と奥ノ院の2つの聖地にわけられ、壇上伽藍の中核には、大日如来を象徴する根本大塔があります。内部は、大日如来を中心とする仏像群と柱や壁に描かれた菩薩像などによる立体曼荼羅が展開します。

京都・**東寺**は、平安遷都とともに796年に創建された官寺でしたが、823年、嵯峨天皇が空海に託し、密教の根本道場となりました。なんといっても有名なのは高さ約55メートルの五重塔で、木造の塔として日本一の高さを誇ります。真言宗では、この塔全体を大日如来と見たて、信仰の対象としています。

鎌倉仏教のお寺

浄土宗の総本山が京都・**知恩院**です。法然の住坊が起源で、創建は1175年です。見所の1つは、江戸幕府第2代将軍・徳川秀忠《ひでただ》によって建てられた巨大な三門。高さ約24メートルで、現存する木造門としては日本最大級です。法然の御《み》影堂《えいどう》も間口が約45メートルあり、大建築となっています。阿弥陀堂に安置された本尊の阿弥陀如来坐像の高さは約2・7メートルで、こちらも巨大です。

鎌倉仏教ゆかりのお寺

西本願寺・唐門（京都）

桃山時代に建てられた装飾豊かな門

「豊国神社」「大徳寺」とともに「国宝三大唐門」のひとつ

知恩院・三門（京都）

徳川秀忠によって1621年に建立される

現存する木造建築としては日本最大級の大きさ

浄土真宗本願寺派の本山が京都・**西本願寺**です。地元京都では「お西さん」と親しまれています。親鸞の廟堂《びょうどう》が本願寺（大谷本願寺）となり、戦乱によってたびたび移転をよぎなくされますが、1591年、豊臣秀吉から土地の寄進をうけて、京都の堀川に建てた阿弥陀堂が現在のお寺の起源となりました。見所は、桃山文化を象徴するきらびやかな唐門と、庭園の一角にある飛雲閣です。唐門は、唐獅子や麒麟などの彫刻をほどこした豪華絢爛な門で、京都の「国宝三大唐門」の1つとされます。飛雲閣は、秀吉が建てた聚楽第《じゅらくてい》の遺構とされ、金閣・銀閣とともに、京都三名閣の１つとされます。

臨済宗妙心寺派の大本山が京都・**妙心寺**です。１３３７年、花園上皇の離宮を禅寺としたのがはじまりで、関山慧玄《かんざんえげん》によって開かれました。敷地面積は約10万坪（東京ドーム７個分）と広大で、中心伽藍の周囲には46の塔頭《たっちゅう》寺院（弟子らによる小さな寺など）が立ち並びます。中心伽藍は、南から北へ山門・仏殿・法堂《はっとう》と一直線にならびます。これは禅寺特有の伽藍配置です。

曹洞宗の大本山が福井の**永平寺**です。創建は１２４４年。京都で禅の教えを広めていた道元が延暦寺の圧力をのがれ、越前（福井）の山中に修行道場を建てたことがはじまりです。いまも修行道場として有名で、毎年春と秋に全国から１００人ほどの僧侶がやってきて山門をくぐり、約１年間の厳しい修行生活を送ります。

最後に、**日蓮宗**の総本山が山梨・身延山《みのぶさん》の**久遠寺**《くおんじ》です。日蓮が１２７４年から亡くなるまでの９年間をすごした草庵が起源。１２８１年に現在の名前になりました。樹齢４００年超といわれる２本のしだれ桜がとくに有名です。本尊は、日蓮が『法華経』の世界を文字であらわした大曼荼羅で、本堂の内陣に安置されています。

【仏教信仰と皇帝崇拝が結びついた巨大仏教建築】

世界遺産になった寺院

NO.4

インドの仏教寺院

海外にも多くの仏教寺院が残されています。そのなかから、世界遺産になった有名寺院を見てみましょう。はじめはインドです。

インド南部にあるのが**アジャンター石窟群**です。石窟はインドや中央アジア、中国などに広く見られる形式で、仏教施設の一種です。

アジャンターの石窟は全部で30あります。ワゴール川にそった岩山の中腹、長さ約600メートルにわたって展開します。**紀元前1世紀から紀元後1世紀と、5世紀後**

現代に残る古代インドの仏教寺院

アジャンター石窟群

30の石窟からなる仏教施設
仏教が衰退したインドでは
忘れられた遺跡だった

「蓮華手菩薩像」

第１窟に描かれる壁画

蓮華の花を右手に持ち、
身体をしならせて
目を伏せている

半から7世紀半ばの2期にわけてつくられたと考えられています。インド仏教が滅亡してからは長らく忘れられていましたが、1819年に発見されました。

一番の見所は、テンペラ技法で描かれた壁画で、ブッダの降誕から入滅まで仏伝やジャータカ（ブッダの前世の物語）を題材としています。なかでも有名な壁画は、第1窟の『**蓮華《れんげ》手《しゅ》菩薩像**』です。仏教のシンボルである蓮華を手にもち、半眼で静かにうつむいた菩薩像は表現力豊かで印象的です。法隆寺の金堂にある壁画・勢至《せいし》菩薩像にも影響を与えたといわれる傑作です。

エローラ石窟群は、インド東部のアウランガーバード近郊にあります。この石窟群が特別なのは、仏教だけでなく、ジャイナ教とヒンドゥー教の施設も併設されていることです。3宗教が対立することなく、平和共存しているめずらしい石窟寺院となっています。

ここには約2キロにわたって34の石窟がならびます。このうち12の石窟が仏教施設で、7～8世紀につくられたと考えられています。第10窟の僧院には2列にならぶ列柱のなかにストゥーパがまつられています。その前面には、釈迦如来・弥勒菩薩・観音菩薩の仏三尊像が彫り込まれています。

東南アジアの仏教寺院

東南アジアには、上座部仏教（南伝仏教）や大乗仏教の世界遺産が数多く残ります。

スリランカ北部にあるのは、多くのストゥーパや寺院が点在する聖地アヌラーダプラです。

アヌラーダプラは、シンハラ朝の最初の首都で、スリランカに最初に仏教が伝わった場所です。紀元前3世紀、シンハラ朝のデーヴァーナンピヤ・ティッサ王は、アショーカ王の使者の説法を聞いて仏教に帰依し、首都アヌラーダプラに**マハーヴィハーラ寺院**を建てました。このとき、ブッダが悟りを開いたとされる菩提樹の分け木をもらい、まつりました。これがスリー・マハー菩提樹で、樹齢2000年を超える聖木です。人の手によって植えられた記録が残る木としては、世界最古のものになります。

13世紀に興ったタイのスコタイ朝は上座部仏教を保護したため、都のあったスコタイには広い範囲にわたって無数の仏教遺跡が点在します。その中心寺院となるのが、**ワット・マハータート**です。長さ約210メートルにわたって濠が取り囲むなかに、185のストゥーパが立ち並びます。ここで仏教に関する祭儀が行われていたと考えられています。

スコタイ朝は1438年にアユタヤ朝に吸収されました。アユタヤ朝でも上座部仏教を保護しましたが、それに加え、国王が神格化されました。歴代国王はストゥーパに納められ、礼拝の対象となりました。そのストゥーパのなかでも有名なのが、15世紀に建てられた**ワット・プラ・シー・サンペット**です。釣鐘型のストゥーパが3基ならび、3人の王の遺骨が納められています。

東南アジアに伝わった仏教寺院のかたち

アンコール・トム

仏教徒の権力者によって
12 世紀に建てられた
カンボジアの仏教寺院

「バイヨンの微笑み」

観世音菩薩の顔を
四面に彫り込んだ
四面仏顔塔
全部で 54 基ある

カンボジアのアンコール遺跡群は、9世紀初頭からカンボジアを支配したアンコール朝の建築物です。なかでも知名度が高いのが、**アンコール・ワット**と**アンコール・トム**です。

アンコール朝はヒンドゥー教の影響をうけて発展した王朝ですので、スールヤヴァルマン2世が1113年に建てたアンコール・ワットは、ヒンドゥー教の宇宙観を具体化した石造寺院となりました。しかしその後、**ジャヤヴァルマン7世が1181年に建てたアンコール・トムは仏教寺院となりました**。彼は熱心な仏教徒で、自らをブッダの化身と宣言していたのです。中心寺院となるバイヨンには、観世音菩薩の巨大な顔を四面に彫り込んだ四面仏顔塔が54基ならびます。菩薩の顔はみな微笑みを浮かべていて、「バイヨンの微笑み」と呼ばれています。

インドネシアのジャワ島には、大乗仏教の世界観を表現した仏教建造物**ボロブドゥール**があります。シャイレーンドラ朝の最盛期の8〜9世紀半ばに建てられたものです。一辺約123メートル、高さ約33メートル（かつては42メートル）と超巨大で、単独の仏教建造物としては世界最大です。10段のピラミッド型構造になっていて、仏教が説く三界をあらわしているといわれます。下から上に登ることで、「欲界」「色界」「無色界」を歩むことができるのです。頂上には大ストゥーパがあり、その周りを72基の釣鐘型のストゥーパが取り巻いています。ストゥーパのなかに仏像が安置されていて、さまざまな印を結んでいます。

中央アジア・中国の仏教寺院

最後に、中央アジアや中国に伝わった北伝仏教の世界遺産を見てみましょう。

アフガニスタンの**バーミヤン渓谷**には大石窟寺院群があります。仏教信仰が盛んになった3~7世紀にかけてつくられたものと見られています。高さ約55メートルの弥《み》勒仏立像《ろくぶつりゅうぞう》(西大仏)と高さ約38メートルの釈迦立像(東大仏)が有名で、大仏立像として世界最大級をほこります。

そのほか、4体の大仏坐像など多くの仏像があります。しかし2001年、タリバンによって2体の大仏立像が破壊されました。

中国山西省の**雲崗石窟**《うんこう》は、北魏時代の5世紀~6世紀につくられたものです。大型の石窟だけで45あり、仏像の数は5万体以上あります。もっとも目をひくのは、第16~20窟に安置された高さ15メートルほどの巨大大仏です。**北魏では仏教信仰と皇帝崇拝が結びついたため、仏像は皇帝の姿を模しています**。たとえば、第13窟の巨大な弥勒菩薩坐像は北魏の第4代皇帝・文成帝がモデルといわれています。

中国河南省の**龍門石窟**は、北魏から唐の時代にかけて400年以上にわたって掘りつづけられたものです。全部で2345窟、50の仏塔、10万体ほどの仏像があります。最大の石窟は、唐の第3代皇帝・高宗によってつくられた奉先寺洞《ほうせんじどう》です。高さ・幅ともに30メートル以上あり、本尊として高さ約17メートルの盧舎那仏が安置されています。この大仏のモデルは、高宗の皇后で実権をにぎった武后(則天武后)といわれて

中国に残る北伝仏教の寺院

・**雲崗石窟**（中国・山西省）
５〜６世紀に造られた大規模な石窟寺院
東西約１kmにもおよぶ

第13窟の弥勒菩薩坐像

・高さ 13 メートル
・壁面や天井にも色彩豊かな絵が残っている
・モデルは北魏の第４代皇帝・文成帝

います。

チベットの首都ラサにある**ポタラ宮**は、チベット仏教の総本山であるとともに、歴代ダライ・ラマの居城となっています。ポタラ宮は、１６４５年にチベットを統一したダライ・ラマ５世によって造営がはじまりました。紅山《マルポリ》の麓から山腹にかけて建てられた巨大建築物は、壁面の色から紅宮と白宮にわかれていて、紅宮は宗教儀式の場、白宮は政務の場とわかれています。紅宮の屋上には金色の屋根の壮麗な装飾の霊塔殿が立ち並びます。この霊塔はストゥーパの一種で、ダライ・ラマの遺骸が安置されています。

【葬儀・法要で死者を仏の世界に導く】

仏教の儀式

NO.5

江戸時代に檀家制度が整えられる

葬儀から法要まで、死者に対する一般的な仏事について見てみましょう。まず、仏事の前提となる**「菩提寺《ぼだいじ》」**と**「檀家《だんか》」**をおさえておきます。

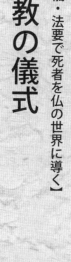

「菩提寺」は、葬儀を営んでもらうお寺のことです。「菩提」とはサンスクリット語の「ボーディ」の漢訳で、「仏の境地」のことです。死者が仏の境地に向かうように供養することを「菩提を弔う」といいます。

「檀家」とは、菩提寺に属して葬儀や供養を営んでもらうかわりにお寺を経済的に文援する家のことです。菩提寺と檀家の関係は先祖代々つづくものですが、近年ではとくに都市部でその関係が希薄になっています。

この菩提寺と檀家の関係は自然にできたものではありません。**江戸時代に幕府によって制度として整えられました。**キリシタンを取り締まる目的で「宗門改め」が行われましたが、これによって誰もがどこかのお寺の檀家になるようになったのです。菩提寺は檀家に**「寺請証文《てらうけしょうもん》」**を発行し、檀家の戸籍を管理する役割を担いました。こうして檀家制度が定着していったのです。

葬儀の引導はお経ではない

死者に対する仏事として、はじめに「通夜」があります。通夜は文字どおり、故人のそばで夜通し最後の別れを惜しむ時間です。

ブッダが亡くなったとき、多くの弟子が遺体のそばで教えについて語り合いながら夜を明かしたといいます。また、古代日本には一定期間、遺体を安置し、故人を悼む風習がありました。通夜はこうしたものから生まれた仏事と考えられます。

いまでは親族があちこちに離れて住んでいて、葬儀まで日数があいてしまうことがあります。そんなときは、近くに住む親族だけで「仮通夜」を行い、葬儀の前日に「本通夜」を行うことがあります。通夜の翌日に「葬儀」を営み、家族や親族で故人を浄土に送りだします。

浄土真宗をのぞくほとんどの宗派では、僧侶がお経を読み終えたあと、死者を仏の世界に導き入れるための「引導文」を読み上げます。引導文は正確にはお経ではありません。内容は宗派や死者の状況によって異なりますが、故人との別離の事実を潔く受け止め、故人の生前の功績をたたえ、死にいたった経緯を報告し、最後に引導の功徳によって故人が仏の世界に導かれることに疑いのないことを証明します。

最近は参列者にもわかるように現代文の引導を用いることが増えています。このとき、故人が仏の世界に導かれた証として戒名がさずけられます。

最終的な宣告をしてあきらめさせることの意味で「引導を渡す」といいますが、もとは死者に引導を渡すことからきた慣用句です。

葬儀とは別に「告別式」がありますが、これは生前、故人と親交のあった知人らが最後の別れを告げる式典で、宗教儀礼ではありません。

明治時代の思想家・中江兆民《なかえちょうみん》が亡くなったとき、遺言にしたがって宗教色のない葬儀を行ったことが告別式のはじまりだとされています。昭和になってからは、葬儀と告別式をセットとする形が一般的となりました。一方で最近は、有名人の例に見られるように、親族で「密葬」を営み、一般向けに「お別れ会」を営む形が増えています。葬儀と告別式をわけた、原点回帰ともいえます。

ところで、死者にさずけられる「戒名」は、本来は生前に授かるべきものです。**戒名は、仏教者として守るべき戒律をうけた者に対して授けられる名前**だからです。戒律を守って仏教者として生活することが本来の姿なのです。

浄土真宗では戒律がないので「法名」といい、日蓮宗では「法号」といいます。

中陰法要は7日ごとに行う

葬儀のあと行われる、「初七日《しょなのか》」「四十九日」「一周忌」という一連の仏事のことを「法要（法事）」といいます。

人が亡くなってから四十九日間は「中陰《ちゅういん》」といい、それまでに営まれる法要は「中

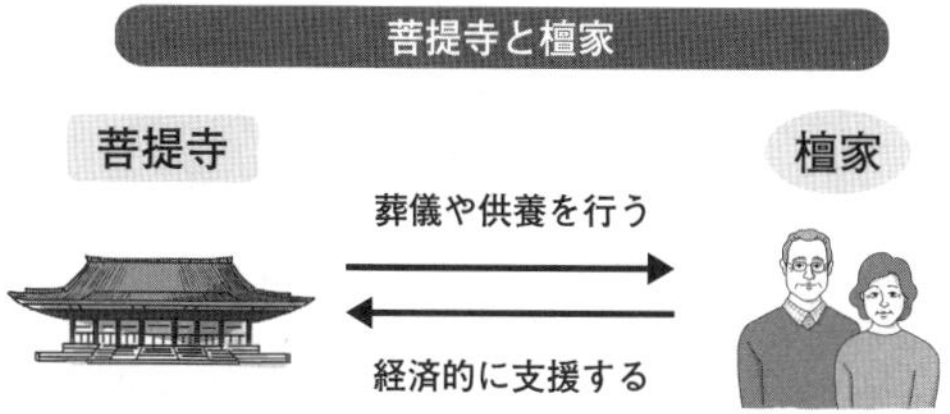

四十九日までの法要

初七日《しょなのか》（7日目）→ 二七日《ふたなのか》（14日目）→ 三七日《みなのか》（21日目）→ 四七日《よなのか》（28日目）→ 五七日《いつなのか》（35日目）→ 六七日《むなのか》（42日目）→ 七七日《なななのか》（49日目）→ 行き先が確定する

陰法要」といいます。浄土宗の教えでは、中陰の四十九日までは死者が冥土の旅をしながら7日ごとに裁判をうけるとされています。ですから、初七日から7日ごとに法要を営み、故人が極楽浄土へ行けるように励まします。**7回目の裁判である四十九日目が「満中陰」といって、ここで故人の行き先が決定されると考えられています**。この日をもって死者の行き先が決まるので、「忌明《いみあ》け」となります。

一般に火葬にしたお骨は、この四十九日の法要がすんだのちに納骨します。それ以前に納骨すると霊が迷い、墓所に安まることができないと考えられているからです。

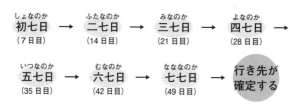

昔から、四十九日は延期してはいけないといわれ、「始終苦《しじゅうく》が身《み》につく」といって禁忌とされてきました。しかし近年では、葬儀にひきつづいて四十九日をまとめてすませ、満中陰を待たずに納骨することが増えています。

四十九日以降の法要は「年忌法要」といいます。

１００日目は「百カ日忌」、1年目の命日には「一周忌」を、そのあとは「三回忌（満2年目）」「七回忌（満6年目）」「十三回忌（満12年目）」「十七回忌（満16年目）」とつづき、「三十三回忌（満32年目）」または「五十回忌」をもって「弔い上げ」（年忌供養の終了）とされるのが通常です。

これらの法要のうち、**インド仏教に由来するものは四十九日までで、それ以降は中国や日本で仏教が浸透する過程でできた**と考えられています。

【日本独自の発展をとげた花祭り・お彼岸・お盆】

仏教の行事

NO.6

ブッダの三大法会

仏教のさまざまな行事を見てみましょう。

キリスト教には「イースター（復活祭）」「クリスマス（降誕祭）」という開祖にまつわる行事がありますが、仏教でも開祖にまつわる重要な行事があります。それが**「花祭り（灌仏会《かんぶつえ》・仏生会《ぶっしょうえ》）」「成道会《じょうどうえ》」「涅槃会《ねはんえ》」**です。この3つは、ブッダの三大法会として全国のお寺で行われます。

「花祭り」は、ブッダの誕生を祝うもので、4月8日に行われます。「花御堂《はなみどう》」という小さなお堂をつくり、そこに誕生仏をまつり、参拝者は柄杓で甘茶をかけて祝います。花御堂は屋根をさまざまな花で葺《ふ》いて、ブッダの生誕地の様子を再現します。誕生仏は、右手は天を、左手は地を指していて、「天上天下唯我独尊」と唱えているブッダの姿をあらわしています。仏に甘茶を注ぐのは、「ブッダの誕生時に9の竜が天空から香水を注いで沐浴《もくよく》をさせた」という言い伝えにちなんだものです。

この花祭りですが、**じつは日本固有の色彩が濃く**、その起源は聖徳太子時代の606年、飛鳥の元興寺《がんごうじ》で行われたものとされています。民衆の間に広まったのは江戸時代になってからのことです。

現在の有名な花祭りとしては、奈良・東大寺や東京・浅草寺の「仏生会」があります。

「成道会」は、ブッダが菩提樹のもとで悟りにいたったことを記念する行事です。禅寺では「臘八大接心《ろうはつだいせっしん》」という座禅会が、12月1日から8日の朝まで昼夜を通してつづけられます。「臘八」は臘月（12月）8日の略です。鎌倉の円覚寺や京都の妙心寺などの成道会が有名です。

「涅槃会」は、ブッダの入滅をしのぶもので、旧暦2月15日に各お寺でブッダの入滅の姿を描いた涅槃図をかかげます。京都の東福寺・大法寺・大徳寺の「京都三大涅槃図」が有名です。涅槃会では、『遺教経《ゆいきょうぎょう》』というブッダが入滅する前に弟子たちに最後の説法をささげた情景を描いたお経を読みます。比較的短くて読みやすく、名文とされます。鳩摩羅什が漢訳したものが残っていて、とくに禅門では重視されています。

身近な行事、お彼岸・お盆・除夜の鐘

日本で馴染みの深い仏教行事としては、**「お彼岸」「お盆」「除夜の鐘」**があります。まず「お彼岸」は、春分と秋分の日にお墓参りをする仏事です。じつは**お彼岸も日本独自の行事**なのですが、なぜこのような行事が生まれたのでしょうか？「彼岸」とは「悟りの世界」です。現実世界の「此岸《しがん》」から彼岸に至ることを願う日がお彼岸なのですが、そのとき、すでに仏になっている先祖の霊を訪れ、より彼岸に近づくことを願う意味が込められています。

もともと日本には祖先の霊をまつって大切にする祖先崇拝の慣習があり、**聖徳太子はこの祖先崇拝と彼岸への願いを結びつけました。**これが「お彼岸」の由来とされて

います。なぜ春分の日と秋分の日に行うのかというと、諸説ありますが、太陽が真西に沈むこの日、西の彼方にあるという極楽浄土が見えるから、といわれています。

次に**「お盆（盂蘭盆会《うらぼんえ》）」**ですが、これは先祖の霊を迎えて供養する日です。地方によって異なりますが、７月15日または８月15日に行われます。

一般的な流れは、13日の朝に仏壇を閉め、その前に盆棚（精霊棚）をつくります。棚の上に位牌、水鉢、花や果物を供えて、13日の夕方に提灯をつけて霊を迎え入れます。キュウリやナスを馬や牛の形にすることがありますが、これは霊があの世とこの世を行き来するための乗り物です。14日か15日に僧侶を招いてお経をあげてもらいます。新盆（初盆）の場合は、親戚や知人に参列してもらい、精進料理でもてなします。16日に盆棚の供え物を川や海に流して霊を浄土に送ります。

インドにはお盆の行事はありません。**お盆は、もともと先祖供養の行事があった中国で生まれました**。そのとき、お盆の根拠づけとして、『仏説盂蘭盆経』（Ｐ65参照）というお経が書かれました。

これはどのような話かというと、ブッダの十大弟子の１人である目連《もくれん》が、亡き母が餓鬼道に堕ちて苦しんでいるのを知りブッダに相談しました。ブッダは、「雨安居《うあんご》明

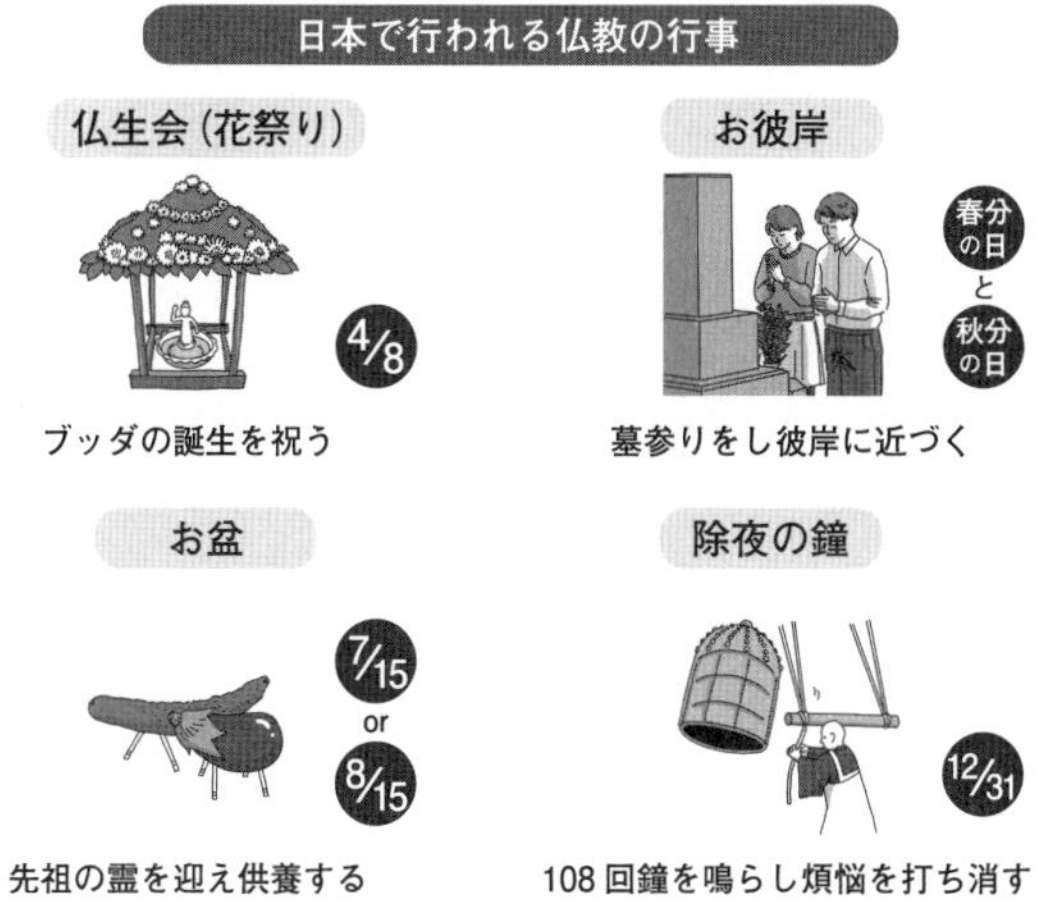

けの修行僧たちに食べ物を振る舞えば、その無上の功徳によって母は救われるだろう」といいます。そこで目連は、母の苦しみを救うために僧侶たちにご馳走を振る舞いました。これによって亡き母が救われたといいます。

雨安居は、インドでは6月から9月の雨季にあたります。この期間は僧侶たちは布教の旅に出られないので、修行と勉学に専念します。そして雨安居明けに在家の人たちが僧侶たちにご馳走を振る舞う習慣がありました。このインドの習慣が『仏説盂蘭盆経』の背景にあるのでしょう。

「除夜の鐘」も仏教行事の1つです。

「除夜」とは「旧年を除く」という意味で、1年の最後の夜＝大晦日をあらわしています。

日本の古い考えでは、除夜は、五穀の豊年を祈願する**年神様を迎える神聖な夜**とされ、そのため、一晩中起きて神様を迎えるとされていました。**この習わしと仏教があわさり、お寺では除夜の鐘をならし、また人々は神社やお寺に参拝する行事となった**とされています。

では、なぜ除夜の鐘は108回なのか？　諸説ありますが、一説には108は人間の欲や怒りなどの煩悩の数をあらわしていて、これを打ち消す意味があるといいます。また、12ヶ月、二十四節気（1年を24等分した季節）、七十二候（二十四節気をさらに3つにわけた中国由来の季節）のそれぞれを合わせた数だとする説もあります。

おわりに

日本の仏教が、なぜこれほど多様に豊かに発展したのかを考えると、さまざまなお経の存在が大きかったと思います。

法然は膨大なお経を何度も読むなかで、中国の善導が著した『観無量寿経疏』の一節から、念仏「南無阿弥陀仏」を唱えることが大切だと考えました。日蓮もあらゆるお経を読んだうえで、『法華経』にある「南無妙法蓮華経」の題目を唱えれば、すぐに仏になれると考えました。

そんな鎌倉仏教よりも前の時代には、最澄と空海が唐に留学し、日本に多くのお経をもたらしています。

面白いのは、そんな2人がお経をめぐって激しく対立したことです。

最澄は空海にたのんで、空海が持ち帰った密教系のお経を借りては書き写し、比叡山の文献を充実させました。

ところが、最澄が手にできなかったお経があります。それが、本文でも記しましたが、『理趣経』の注釈書『理趣釈』(不空)です。

空海は、『理趣釈』に興味があるなら、高野山に3年滞在して直接一対一で学ぶように勧めました。

理由は明らかではありませんが、性欲肯定の表現がお経を読むだけでは誤って解釈されることを恐れたからと考えられます。

しかし、すでに高い地位にあって忙しい最澄には時間がありません。最澄は弟子を送ってかわりに学ばせました。すると、その弟子は空海のもとにとどまり、二度と戻ることはありませんでした。こうして、たった1つのお経が原因で、2人は絶縁することになったのです。

いまでは、ほとんどのお経は、その気になれば読むことができるでしょう。

しかし、かつての僧たちは、競って新しいお経を求め、隅々まで読みあさり、そこに真理を求めて苦悶しました。

そんなことを思うと、お経にはとても崇高な力があるんだと再認識させられます。

最後に、本書をまとめるにあたり、彩図社の栩兼紗代さまには大変お世話になりました。日頃のご理解とご助力に心から感謝いたします。

2021年3月　沢辺有司

◆主要参考文献

『お経で学ぶ仏教』（蓑輪顕量、東京大学仏教青年会、朝日新聞出版）
『お経の意味がよくわかる本』（鈴木永城、河出書房新社）
『お経の基本がわかる小事典』（松濤弘道、PHP新書）
『『維摩経』『勝鬘経』（現代語訳大乗仏典3）』（中村元、東京書籍）
『『華厳経』『楞伽経』（現代語訳大乗仏典5）』（中村元、東京書籍）
『原始仏典を読む』（中村元、岩波現代文庫）
『現代語訳般若心経』（玄侑宗久、筑摩書房）
『国訳大蔵経　第八巻』（国民文庫刊行会）
『浄土三部経　上』（中村元、紀野一義、早島鏡正、岩波文庫）
『浄土三部経　下』（中村元、紀野一義、早島鏡正、岩波文庫）
『神社とお寺の基本がわかる本』（武光誠、グレイル、宝島社）
『人生遍路 華厳経』（海音寺潮五郎、河出書房新社）
『図解 いちばんやさしい三大宗教の本』（沢辺有司、彩図社）
『『スッタニパータ』と大乗への道』（石飛道子、サンガ）
『世界遺産で見る仏教入門』（島田裕巳、世界文化社）
『世界古典文学全集　第6巻』（筑摩書房）
『世界古典文学全集　第7巻』（筑摩書房）

『知識ゼロからのお経入門』（瓜生中、幻冬舎）
『知識ゼロからのお寺と仏像入門』（瓜生中、幻冬舎）
『知識ゼロからの仏教入門』（長田幸康、幻冬舎）
『『涅槃経』を読む』（田上太秀、講談社学術文庫）
『『涅槃経』を読む』（高崎直道、岩波現代文庫）
『日本の古寺101選』（廣澤隆之監修、ロムインターナショナル編集、成美堂出版）
『必携 お経読本』（九仏庵方丈、彩図社）
『仏教史研究ハンドブック』（佛教史学会編集、法蔵館）
『仏教詳解』（宇野正樹ほか、学研パブリッシング）
『仏教経典の世界』（自由国民社）
『仏像でわかる仏教入門』（ひろさちや、講談社）
『仏道入門　四十二章経を読む』（古田紹欽、講談社学術文庫）
『ブッダのことば　スッタニパータ』（中村元訳、岩波書店）
『ブッダの教えと仏教のことがわかる本』（永田美穂、新人物往来社）
『ブッダの教え　仏教二五〇〇年の流れ　アジアをゆく』（山折哲雄、集英社）
『仏典詩抄 日本語で読むお経』（八木幹夫訳、松柏社）
『法句経』（友松圓諦、講談社学術文庫）
『密教教典 大日経・理趣経・大日経疏・理趣釈』（宮坂宥勝、講談社学術文庫）

■ 著者紹介
沢辺有司（さわべ・ゆうじ）

フリーライター。横浜国立大学教育学部総合芸術学科卒業。

在学中、アート・映画への哲学・思想的なアプローチを学ぶ。編集プロダクション勤務を経て渡仏。パリで思索に耽る一方、アート、旅、歴史、語学を中心に書籍、雑誌の執筆・編集に携わる。現在、東京都在住。

パリのカルチエ散歩マガジン『piéton（ぴえとん）』主宰。

著書に『図解 いちばんやさしい哲学の本』『図解 いちばんやさしい三大宗教の本』『図解 いちばんやさしい地政学の本』『図解 いちばんやさしい世界神話の本』『ワケありな映画』『ワケありな名画』『ワケありな本』『ワケありな日本の領土』『封印された問題作品』『音楽家 100 の言葉』『吉田松陰に学ぶ リーダーになる 100 のルール』『西郷隆盛に学ぶ 最強の組織を作る 100 のルール』『本当は怖い 仏教の話』（いずれも彩図社）、『はじめるフランス語』（学研教育出版）などがある。

図解 いちばんやさしい仏教とお経の本

2021 年 5 月 11 日　第 1 刷

著　者　沢辺有司

イラスト　梅脇かおり

発行人　山田有司

発行所　株式会社 彩図社
東京都豊島区南大塚 3-24-4
MTビル　〒 170-0005
TEL:03-5985-8213　FAX:03-5985-8224
https://www.saiz.co.jp
https://twitter.com/saiz_sha

印刷所　新灯印刷株式会社

　ISBN978-4-8013-0519-9 C0195

本書は、2018 年 8 月に小社より刊行された『図解 いちばんやさしい仏教とお経の本』を加筆修正の上、文庫化したものです。